hugo

T0333014

DUTCH
IN 3 MONTHS

Jane Fenoulhet

YOUR ESSENTIAL GUIDE TO UNDERSTANDING AND SPEAKING DUTCH

FREE AUDIO APP

THIRD EDITION
Series Editor Elise Bradbury
Senior Editor Amelia Petersen
Senior Art Editor Jane Ewart
Managing Editors Christine Stroyan, Carine Tracanelli
Managing Art Editor Anna Hall
Production Editor Jacqueline Street-Elkayam
Senior Production Controller Samantha Cross
Jacket Project Art Editor Surabhi Wadhwa-Gandhi
Jacket Design Development Manager Sophia MTT
Art Director Karen Self
Associate Publishing Director Liz Wheeler
Publishing Director Jonathan Metcalf

DK INDIA
Project Art Editor Anjali Sachar
Senior DTP Designer Shanker Prasad
Managing Editor Rohan Sinha
Managing Art Editor Sudakshina Basu

This edition published in 2022 by
Dorling Kindersley Limited
First published in Great Britain in 1983 by
Hugo's Language Books Limited
DK, One Embassy Gardens, 8 Viaduct Gardens,
London, SW11 7BW

The authorised representative in the EEA is
Dorling Kindersley Verlag GmbI I. Arnulfstr. 124,
80636 Munich, Germany

Copyright © 1983, 2003, 2022 Dorling Kindersley Limited
A Penguin Random House Company
10 9 8 7 6
008–324968–Jan/2022

Written by
Jane Fenoulhet M. Phil. (Dutch)
Former Senior Lecturer in Dutch at
University College London

A CIP catalogue record for this book
is available from the British Library.
ISBN: 978-0-2415-1515-0

Printed and bound in China

www.dk.com

MIX
Paper | Supporting
responsible forestry
FSC™ C018179

This book was made with Forest
Stewardship Council™ certified
paper - one small step in DK's
commitment to a sustainable future.
**For more information go to
www.dk.com/our-green-pledge**

Preface

This edition of *Hugo Dutch in 3 Months* was written
by Jane Fenoulhet, who has considerable experience
in teaching Dutch up to university level. The course is
designed for those learning at home who want to acquire
a good working knowledge of the language in a short time.

The course begins with an explanation of Dutch
pronunciation, as far as this is possible in print.
We strongly encourage you to download the free *DK Hugo
in 3 Months* app (see p.4) and to listen to the accompanying
audio as you work through the course – this will enable
you to learn the distinctive sounds of the Dutch language.
Referring to our system of 'imitated pronunciation' in the
initial weeks of the course will also help.

The course contains the following elements to provide a
complete introduction to written and conversational Dutch:

Grammar These sections present the basics of Dutch in
a practical way, in an order designed for the learner to
make rapid progress. Constructions are clearly explained
and examples are included. Listen to the audio to hear
the texts pronounced and then repeat them out loud.
The exercises and drills are designed to consolidate what
you've learned as you put the rules into practice.

Vocabulary New words are included in the vocabulary
lists: these will help you understand the texts and
complete the exercises.

Exercises The exercises will help you remember the rules
through applying them. Check your answers against the
key at the back of the book. If you make mistakes and
don't understand why, go back to the relevant section
and read it again.

Drills These are intended to be spoken aloud, for both
pronunciation and grammar practice. Cover all but the top
line with a sheet of paper, as the answer is given on the
next line. Work through the drills line by line and use
them as a test to see if you are ready to move on.

Conversations The conversations reinforce the points that have been seen, as well as introduce idioms and colloquialisms for a thorough grasp of everyday Dutch. We suggest that you listen to the conversations first, then read them aloud and see how closely you can imitate the voices on the recording.

In order to gain the most from this course, try to study for about an hour a day. Revision exercises are included every three weeks to further reinforce the learning. The course finishes with a piece of text for reading practice, along with the English translation.

When you've completed the course, you should have a very good understanding of the language – more than sufficient for general holiday or business purposes, and enough to lead to language validation tests if this is your eventual aim. We hope you enjoy *Hugo Dutch in 3 Months*, and wish you success with your studies!

About the audio app

The audio app that accompanies this Dutch course contains audio recordings for all numbered sections, vocabulary boxes, conversations, drills, and most of the exercises. The revision exercises do not have audio.

◀× Where you see this symbol, it indicates that there is no audio for that section.

To start using the audio with this book, go to **www.dk.com/hugo** and download the *DK Hugo in 3 Months* app on your smartphone or tablet from the App Store or Google Play. Then select Dutch from the list of titles.

Please note that this app is not a stand-alone course. It is designed to be used together with the book, to familiarize you with Dutch speech and to provide examples for you to repeat aloud.

Contents

Week 1

You'll learn about:
- the pronunciation of consonants
- the pronunciation of vowels
- word stress
- spelling rules related to pronunciation

The grammar includes:
- personal subject pronouns ('I', 'you', 'he', 'she', etc.)
- present tense of **zijn** ('to be') and **hebben** ('to have')
- forming questions

1.1 PRONUNCIATION

By far the best way to learn to pronounce Dutch is to imitate a Dutch speaker and to practise, practise, practise. As you go through the course, listen to the audio and repeat the texts out loud, trying to imitate the sounds as the speaker pronounces them. Don't hesitate to exaggerate the accent, this can help you pick up the distinctive sounds of the language.

While the consonants in Dutch are for the most part pronounced similarly to English, the vowel sounds are very different, so pay particular attention to these.

One important distinction in the pronunciation of consonants (which is explained in section 1.2) is between voiced and voiceless consonants. Voiced consonants are produced with the vibration of the vocal cords, e.g. b. Voiceless consonants are produced only with the mouth – the vocal cords do not vibrate, e.g. p.

In terms of word stress, as in English, the stress in Dutch generally falls on the first syllable of a word (e.g. CAR-pet or TU-lip). On the first appearance of any word that is an exception to this rule, we indicate where the stress falls by underlining the stressed syllable: e.g. **hetzelfde**, in which the second syllable is stressed, **het-ZELF-de** (in the imitated pronunciation, a stroke (') is placed before the stressed syllable). However, we won't generally indicate this where the Dutch word begins with an

1

unstressed prefix (see section 5.6), since this is a general rule rather than an exception.

1.2 CONSONANTS

s, **f**, **h**, **b**, **d**, **z**, **l**, **m**, **n**, and **ng** (as in the English 'sing') sound the same in Dutch as in English.

p, **t**, and **k** are also pronounced like their English counterparts, but without the puff of air that follows the English sound. You can test this by holding your hand in front of your mouth and saying 'put'. You should feel the escape of breath immediately after the p sound. In Dutch, this should not happen. Practise this by saying the Dutch word **pet** (cap).

ch: This sound is very different from the English 'ch'. It is very similar to the 'kh' sound in the Scottish 'loch' or the German 'Bach'. It is a guttural sound made at the very back of the mouth. Practise saying **licht** (light).

sch: This sound is also a bit tricky for an English speaker: it is an **s** followed rapidly by the Dutch sound **ch**. Practise saying **schip** (ship).

g: Beware! **g** in Dutch is never pronounced as in English. It is the same sound as **ch**, although there are regional variations. Occasionally **g** is pronounced like the 'zh' sound of the s in the English word 'measure'. Practise saying **gek** (insane).

w is pronounced like the English v when it occurs before **r**. Otherwise, it sounds like the English w, but usually with the bottom lip against the top teeth. Aim for a sound in between an English v and an English w. Practise saying **wit** (white).

v is like the English v in 'give', although its pronunciation is sometimes closer to that of the English f, especially at the beginning of words. Practise saying **vet** (fat).

r is made either by trilling the tongue against the back of the top teeth (a rolled r) or making a 'gargled' sound at the back of the mouth (a guttural r). Unlike the British final r, it is always pronounced in Dutch. Practise: **pret** (fun).

Here are three more consonant sounds to point out in Dutch that are distinctive from English sounds or letter combinations:

j is pronounced like the English y
sj is pronounced similarly to the English 'sh'
tj is pronounced similarly to the English 'ch'

1.3 VOWELS

While the consonants in Dutch shouldn't pose too much of a problem, the vowel sounds are a bit trickier.

(1) Some of the vowels have alternative spellings as indicated below, but the sound is the same in each case.

aa/a This vowel is like the a in 'cat' but longer.
Practise: **straat** (street), **water** (water)

ee/e This is similar to the vowel sound in 'hail', although it is shorter. When you voice this vowel, stretch out your lips as if in a smile.
Practise: **heel** (whole), **beter** (better)

ie This is like the English vowel sound in 'beet', but shorter.
Practise: **niet** (not)

oo/o This is similar to the English vowel sound in 'boat', but shorter. The lips must be rounded.
Practise: **boot** (boat), **stro** (straw)

oe This is very similar to the English 'oo' in 'pool', but shorter and made further back in the mouth.

The lips should be rounded.
Practise: **poel** (pool)

eu There is no equivalent sound in English. Make the Dutch **eu** by pronouncing the English vowel sound in 'hurt', but with the lips rounded.
Practise: **neus** (nose)

uu/u There is no equivalent vowel sound in English. Make the Dutch **uu** by pronouncing 'oo' as in 'loot' and pursing the lips, while pressing the tongue against the bottom teeth.
Practise: **muziek** (music), **buur** (neighbour)

All the vowel sounds listed above are pronounced much longer if followed by an **r**.
Practise: **paar** (pair), **peer** (pear), **dier** (animal), **noord** (north), **boer** (farmer), **deur** (door), **duur** (expensive)

(2) The following vowel sounds are different from those that are spelled similarly in the previous section (1). They are always short:

a There is no equivalent sound in English. Make the Dutch **a** by saying the 'ah' sound in 'hard', but pronounced very short.
Practise: **man** (man)

e This vowel is very similar to the English vowel sound in 'bet', but it is shorter.
Practise: **vet** (fat)

i This is very similar to the English i sound in 'bit', but it is shorter.
Practise: **wit** (white)

o This vowel sound is similar to the o sound in 'pot', but it is shorter and the lips are rounded.
Practise: **pot** (pot)

u   There is no equivalent sound in English. Make
the Dutch **u** by saying the English vowel sound
in 'dirt', but pronounced very short.
Practise: **bus** (bus)

(3) The following are diphthongs (vowel combinations that
glide from one vowel sound to another).

ei/ij   This sound is not found in English. It is
somewhere between the i sound in 'light' and the
a sound in 'late'.
Practise: **trein** (train), **fijn** (fine)

aai   This sound is a combination of Dutch **aa** and **ie**.
Practise: **taai** (tough)

oei   This sound is a combination of Dutch **oe** and **ie**.
Practise: **groei** (growth)

ooi   This sound is a combination of Dutch **oo** and **ie**.
Practise: **mooi** (beautiful)

ou/au This sound is not found in English. Pronounce
the English diphthong in 'shout', but make the
first vowel of the diphthong more like the o
as in 'shot'.
Practise: **nou** (now), **blauw** (blue)

eeuw This sound is a combination of Dutch **ee** and **oe**.
Practise: **leeuw** (lion)

ieuw This sound is a combination of Dutch **ie** and **oe**.
Practise: **nieuw** (new)

uw   This sound is a combination of Dutch **uu** and **oe**.
Practise: **sluw** (sly)

ui   This sound is not found in English. Make the
ui by pronouncing the diphthong in 'house'
with the lips tightly pursed and the tongue

pressed against the bottom teeth.
Practise: **huis** (house), **tuin** (garden)

(4) One last vowel sound to point out in Dutch is a short, weak vowel occurring only in unstressed syllables. It is like the 'uh' sound at the beginning of 'along'. The sound occurs in a variety of contexts.

Practise: **e**   **de** (the)
           ee **een** (a)
           i   **aardig** (nice)
           ij   **vriendelijk** (kind)

1.4 SPELLING

Dutch spelling is fairly phonetic, so poses few problems compared with English spelling. But there are some points about vowels that require explanation.

In (2) in the previous section, there are four vowel sounds **a**, **e**, **o**, **u** that are always spelled with one letter. You will have noticed, however, that some of the vowels in (1) can be spelled in two ways: **aa** or **a**; **ee** or **e**; **oo** or **o**; **uu** or **u**. The most important spelling rule in Dutch deals with the spelling of these vowel sounds.

In syllables ending in a consonant (known as 'closed' syllables), the letter is doubled:
e.g. **aa** as in **maan** (moon).

But if another syllable is added, such as the plural ending **-en**, the vowel spelling changes to a single letter e.g. **manen** (moons). This is because the syllable now ends in a vowel (an 'open' syllable), as the syllable division is made before the consonant: **ma/nen**.

So for a vowel with alternative spellings, the rule is: a double vowel in syllables ending with a consonant, and a single vowel in syllables ending with a vowel. (However, note that the change of spelling does not affect the way the vowel sounds.)

The four (2) vowel sounds (**a**, **e**, **o**, **u**) must always be in closed syllables. To keep the first syllable closed, the final consonant is doubled when a plural ending is added. For example, the plural of **man** (man) is **mannen**.

The following gives some examples to illustrate this spelling system for Dutch vowels. The top line of each pair represents vowels in category (1), and the bottom line represents vowels in category (2):

	singular	plural
	maan (moon)	**manen** (moons)
compare:	**man** (man)	**mannen** (men)
	peen (carrot)	**penen**
compare:	**pen** (pen)	**pennen**
	poot (paw)	**poten**
compare:	**pot** (pot)	**potten**
	buur (neighbour)	**buren**
compare:	**bus** (bus)	**bussen**

There is only one exception to this rule. A (1) vowel is normally spelled with one letter at the end of a word (open syllable) as in **sla** (salad), **stro** (straw), **paraplu** (umbrella), with the exception of **ee**, hence **zee** (sea). The spelling of the other vowel sounds is invariable.

Exercise 1

Read the following Dutch words aloud:

boer (farmer), peer (pear), straat (street),
boot (boat), poel (pool), man (man), pot (pot),
trein (train), tuin (garden), leeuw (lion), bus (bus),
buur (neighbour), pen (pen), poot (paw),
taai (tough), aardig (nice), nieuw (new),
groei (growth), mooi (beautiful), nou (now)

Exercise 2

Now write the plurals of these nouns by adding -en and adjusting the spelling where necessary:

trein, leeuw, boer, peer, poot, buur, pen, tuin, bus, boot, pot, straat, man, deur, maan

Drill 1

First cover up the English to see if you can understand the sentences without looking at the translations. Then say each sentence out loud several times: first by listening to the audio and imitating what you hear without looking at the book, and then by reading as you listen. If you're in doubt about how to pronounce something, go back to the pronunciation tips.

De man is vriendelijk.	The man is kind.
De tuin is mooi.	The garden is beautiful.
De trein is nieuw.	The train is new.
De buurman is aardig.	The neighbour is nice.
De boer zit in de bus.	The farmer is sitting on the bus.
Een leeuw is een dier.	A lion is an animal.

VOCABULARY 1			
aardig	nice	**duur**	expensive
blauw	blue	**een**	a
de boer /	farmer	**fijn**	fine
boerin	(m. / f.)	**groei**	growth
de boot	boat	**het huis**	house
de bus	bus	**in**	in
de buur	neighbour	**is**	is
de buurman /	neighbour	**de leeuw /**	lion /
buurvrouw	(m. / f.)	**leeuwin**	lioness
de / het	the	**de maan**	moon
de deur	door	**de man**	man
het dier	animal	**de vrouw**	woman

mooi	beautiful	**de sla**	lettuce
niet	not	**sluw**	sly
nieuw	new	**de straat**	street
nu	now	**het stro**	straw
paar	pair	**taai**	tough
de para<u>plu</u>	umbrella	**de trein**	train
de peen	carrot	**de tuin**	garden
de peer	pear	**vriendelijk**	kind,
de pen	pen		friendly
de pet	cap	**het water**	water
de poel	pool	**wit**	white
de poot	paw	**de zee**	sea
de pot	pot	**zit**	sits

1.5 THE IMITATED PRONUNCIATION

Phonetic transcriptions (where the sound of a word in another language is imitated through English syllables) are an imperfect representation of true pronunciation. The best way to pick up the sounds in Dutch is to listen to the audio that accompanies this course.

However, in the first weeks of the course we also provide imitated pronunciation as a support for certain key words and the vocabulary lists. Sounding these out should help reinforce what you hear in the audio and allow you to work out how to pronounce new words that you come across. At any time throughout the course, you can always come back to the pronunciation tips for help.

Read the imitated pronunciation as if you were sounding out English syllables, with the exception of the below:

- **HG** represents the guttural **ch** or **g**

- **EW** represents the long Dutch **uu/u**

- **uw** represents the Dutch **eu** sound

- *a* in bold italics represents the short Dutch **a**

- **OW** represents the Dutch **ui** sound

- **uh** represents the weak vowel in unstressed syllables

An **ow** in small letters (not capitals) in the imitated pronunciation should sound more like the 'ow' in 'how' than in 'blow', but not emphatically so. The **ah** (e.g. in **straat**) should not be too long. A double **ff** should be sounded as an English f; a single **f** (used for the Dutch **v**) is sounded somewhere between an f and a v.
The Dutch **w** is represented by a **v** in the imitated pronunciation, but aim for a sound between v and w.

1.6 THE DUTCH ALPHABET

The Dutch alphabet consists of the same letters as the English alphabet, but the letters Q, X, and Y are only used in loanwords from other languages.

A	ah	J	yay	S	ess
B	bay	K	kah	T	tay
C	say	L	ell	U	**EW**
D	day	M	emm	V	fay
E	ay	N	enn	W	vay
F	eff	O	oh	X	iks
G	**HG**ay	P	pay	Y	ee-**HG**rek
H	hah	Q	k**EW**	Z	zett
I	ee	R	air		

1.7 PERSONAL SUBJECT PRONOUNS: 'I', 'YOU', 'HE', 'SHE', ETC.

singular	stressed	unstressed	
1st person	**ik**	(**'k**)	I
2nd person			
(informal)	**jij**	**je**	you
(formal)	**u**		you

3rd person	hij	(ie)	he
	zij	ze	she
	het	't	it
plural			
1st person	wij	we	we
2nd person			
(informal)	jullie	je	you
(formal)	u		you
3rd person	zij	ze	they

Note that Dutch has two registers for addressing someone: informal and formal. The informal second-person pronouns **jij** (sing.) and **jullie** (pl.) are generally used when speaking to family, friends and colleagues. Today, they are also often used between people that don't know each other, especially people of the same age, and even by companies addressing their clients. The second-person formal pronoun **u** is mainly used in conversations with superiors, older people or in official settings.

Note that some pronouns have an unstressed form (shown after the stressed form in the table). The unstressed form is the one commonly used in speech unless special emphasis is required. The stressed forms are usually used in writing, although the unstressed forms shown without brackets can be used in less formal writing such as emails. However, the unstressed forms shown in brackets are never used in writing.

Je, the unstressed form of the informal plural 'you' **jullie**, can only be used once **jullie** has been mentioned. This avoids confusion with the singular, which also has **je** as its unstressed form. The risk of confusion is particularly high as **je** is always used with a singular verb.

IMITATED PRONUNCIATION

ick/uhk; yey/yuh; **EW**; hey/ee; zey/zuh; het/uht; vey/vuh; yuhl-lee/yuh; **EW**; zey/zuh

1

One of the most useful verbs in any language is 'to be'. As in many other languages, this verb is irregular in Dutch, so its conjugations have to be memorized. Note that although the subject pronouns for 'she' and 'they' are the same, the form of the verb distinguishes between them.

Present tense

singular
ik ben	I am
jij bent	you are (informal)
u bent	you are (formal)
hij is	he is
zij is	she is
het is	it is

plural
wij zijn	we are
jullie zijn	you are (informal)
u bent	you are (formal)
zij zijn	they are

IMITATED PRONUNCIATION

zeyn; ick ben; yey bent; **EW** bent; hey iss; zey iss; het iss; vey zeyn; yuhl-lee zeyn; **EW** bent; zey zeyn

1.9 **FORMING QUESTIONS**

To form a question, you just switch around the order of the subject pronoun and the verb, which is also possible with certain verbs in English. For example, with **zijn**:

Ben ik?	Am I?
Ben jij?	Are you?
Is hij?	Is he?

This reversing of the subject and verb is called 'inversion'. Whenever inversion occurs in Dutch, the **jij**-form of the verb (second-person singular) drops its **-t** ending: e.g. **Ben jij?** and not **Bent jij?**

For more on questions, see section 3.3.

1.10 HEBBEN ('TO HAVE')

Present tense

singular
ik heb	I have
jij hebt	you have (informal)
u hebt/heeft	you have (formal)
hij, zij, het heeft	he, she, it has

plural
wij hebben	we have
jullie hebben	you have (informal)
u hebt/heeft	you have (formal)
zij hebben	they have

Like **zijn**, the very frequent verb **hebben** is also irregular and is important to learn early on.

Also like **zijn**, when inverted for a question, the second-person singular form of the verb drops its **-t** ending: e.g. **Heb jij?** Do you have?

IMITATED PRONUNCIATION

heb-buhn; ick hep; yey hept; **EW** hept/hayft; hey/zey/het hayft; vey heb-buhn; yuhl-lee heb-buhn; **EW** hept/hayft; zey heb-buhn
NOTE: In everyday speech, the pronunciation of many Dutch words ending in 'en' drops the 'n' and uses an 'uh' sound instead. From now on, you will hear them spoken like this in the audio.

VOCABULARY 2

alle**bei**	both
dus	so
en	and
erg	very
hebben	to have
hoofdpijn hebben	to have a headache
keelpijn hebben	to have a sore throat
koorts hebben	to have a fever
het**zelf**de	the same thing
ja	yes
mis**schien**	perhaps
moe	tired
ook	too, also
pre**cies**	exactly, precisely
Wat vreemd!	How strange! How odd!
ziek	ill

IMITATED PRONUNCIATION

*a*l-luh-'bey; duhss; en; er**HG**; heb-buh; hohft-peyn
…; kayl-peyn …; kohrts …; uht-'zelv-duh; yah; miss-
'**HG**een; moo; ohk; pray-'sees; v*a*t fraymt; zeek

Exercise 3

Translate the following sentences into English:

1 Is de man aardig?
2 Jullie zijn gek.
3 Ik ben erg ziek.
4 Zij is ook ziek.
5 Ben jij moe?
6 Wij zijn ook moe.
7 De buren zijn vriendelijk.
8 Zij zijn erg aardig.
9 U bent erg vriendelijk.
10 Jij bent sluw.

Exercise 4

Translate the following sentences into English:

1 Hij heeft een huis.
2 Het heeft een tuin.
3 Hebben de buren een boot?
4 Wij hebben een tuin en een boot.
5 Heb jij een paraplu?
6 Ik heb een peer.
7 Jullie hebben keelpijn.
8 Heeft de boer een leeuw in de tuin?
9 Leeuwen hebben poten.
10 Heeft u een pen?

Exercise 5

Translate the following sentences into Dutch:

1 Are the neighbours friendly?
2 He is nice.
3 She is very ill.
4 We have a house and a garden.
5 The house is new.
6 Do you (formal) have an animal in the garden?
7 Yes, I have a lion.
8 You (informal sing.) have a pen and an umbrella.
9 They are both new.
10 You (informal pl.) are tired and ill.
11 I am also ill.
12 You (formal) are very beautiful.
13 The moon is also beautiful.
14 They have a boat.
15 Do you (informal sing.) have a boat too?

Drill 2

In 1 and 2, substitute the word in bold with the suggested pronoun. In 3, respond to the stimulus, in each case replacing the singular pronoun with the corresponding plural pronoun. Change the form of the verb if necessary and always cover the next line.

1 Substitution drill

Hij is ziek. **wij**

Wij zijn ziek. **jullie**

Jullie zijn ziek. **ik**

Ik ben ziek. **zij** (plural)

Zij zijn ziek. **u**

U bent ziek. **zij**

Zij is ziek. **jij**

Jij bent ziek.

2 Substitution drill

Ik heb hoofdpijn. **zij** (plural)

Zij hebben hoofdpijn. **hij**

Hij heeft hoofdpijn. **u**

U hebt hoofdpijn. **jullie**

Jullie hebben hoofdpijn. **zij**

Zij heeft hoofdpijn. **jij**

Jij hebt hoofdpijn. **wij**

Wij hebben hoofdpijn.

3 Stimulus–response drill

S Ik heb hoofdpijn.
R Wij hebben hoofdpijn.

S Jij hebt koorts.
R Jullie hebben koorts.

S Zij heeft keelpijn.
R Zij hebben keelpijn.

S Hij is aardig.
R Zij zijn aardig.

S Ik ben moe.
R Wij zijn moe.

S Jij bent ziek.
R Jullie zijn ziek.

We zijn allemaal ziek!

BEA **Ben jij moe?**
WILLEM **Ja, ik ben erg moe.**
BEA **Is hij ook moe?**
WILLEM **Ja, hij is ook erg moe.**
BEA **Dus jullie zijn allebei moe.**
WILLEM **We hebben allebei hoofdpijn.**
BEA **Hebben jullie misschien ook koorts?**
WILLEM **Ja, en keelpijn.**
BEA **Wat vreemd! Ik heb precies hetzelfde.**
WILLEM **Ben jij ziek?**
BEA **Ja. Jullie zijn dus ook ziek.**

TRANSLATION

We're all ill!

BEA Are you tired?
WILLEM Yes, I'm very tired.
BEA Is he tired too?
WILLEM Yes, he's very tired too.
BEA So you're both tired.
WILLEM We both have a headache.
BEA Perhaps you have a fever too?
WILLEM Yes, and a sore throat.
BEA How strange! I have exactly the same thing.
WILLEM Are you ill?
BEA Yes. So you are ill too.

Week 2

You'll learn about:
- the articles **de** and **het** ('the') and **een** ('a', 'an')
- common gender and neuter nouns in the singular
- demonstratives ('this', 'that', 'these', 'those')
- forms of address
- forming the plural (**-en, -s, -eren**)
- feminine nouns, both singular and plural forms

2.1 NOUNS AND ARTICLES

The Dutch definite article (the equivalent of 'the') can be either **de** or **het**, depending on the type of noun it is used with, as explained below.

(1) Common nouns, also known as nouns of common gender, are preceded by **de**: for example, **de man** (the man), **de tuin** (the garden).

(2) There are also neuter nouns in Dutch, for example, **huis**. These are preceded by the definite article **het**: for example, **het meisje** (the girl), **het huis** (the house). In speech, **het** is nearly always pronounced **et** or **'t**.

(3) All plural nouns have **de** as their definite article whether they are of common or neuter gender. For example: **de mannen** (the men), **de huizen** (the houses).

Unfortunately, there is no easy way of telling whether a noun is common or neuter. The best solution is to try to learn the noun and the article together when you come across a new word.

The indefinite article in Dutch (the equivalent of 'a', 'an') is **een**. It is used before all singular nouns, both common and neuter, e.g. **een man** and **een huis**. It is pronounced with the weak vowel sound (something like 'uh'). As in English, it cannot be used before a plural noun.

Note that the pronoun 'it' is sometimes translated by **het**, and sometimes by **hij** (he). The pronoun **het** is used to refer to neuter **het**-nouns, and **hij** to refer to common gender **de**-nouns.

For example:
Het huis: het is groot. The house: it is large.
De boot: hij is groot. The boat: it is large.

IMITATED PRONUNCIATION

m*a*n; t**OW**n; h**OW**ss; duh; duh m*a*n; duh t**OW**n; het; uht mey-shuh; uht h**OW**ss; duh m*a*n-nuh; duh howz-uh; em; em m*a*n; em h**OW**ss; **HG**roht; boht

2.2 DEMONSTRATIVES: 'THIS', 'THAT', 'THESE', 'THOSE'

Dutch has two words for 'this': **deze** is used before common nouns, and **dit** is used before neuter nouns.

For example:
deze man (this man), **dit huis** (this house)

The plural form 'these' is always **deze**.

For example:
deze mannen (these men), **deze huizen** (these houses)

The two words for 'that' are **die**, which is used before common nouns, and **dat**, which is used before neuter nouns.

For example:
die man (that man), **dat huis** (that house)

The plural form 'those' is always **die**.

For example:
die mannen (those men), **die huizen** (those houses)

These demonstratives – **deze/dit** and **die/dat** – can be used independently to refer to a noun that has already been mentioned, i.e. 'this (one)', 'that (one)', 'these' and 'those'.

For example:
Twee jurken: deze is mooi maar die is duur.
Two dresses: this one is pretty, but that one is expensive.

In this case, **deze** and **die** are used because **jurk** is a common gender noun. As one would expect, **dit** and **dat** are used with neuter nouns.

For example:
Twee huizen: dit is groot maar dat is klein.
Two houses: this one is big, but that one is small.

All plurals use **deze** and **die**.

For example:
Zie je de schoenen in die etalage? Deze zijn mooi maar die zijn duur.
Do you see the shoes in that shop window? These are pretty, but those are expensive.

Sometimes **die** is simply used as an alternative to the pronouns **hij/zij/zij** (he (it)/she/they). Similarly, **dat** sometimes replaces **het** (it).

For example:
Zie je de buren? Die zijn erg aardig.
Do you see the neighbours? They are very nice.

IMITATED PRONUNCIATION

day-zuh; dit; dee; d*a*t; tvay yerrk-uh; moh'ee; mahr; d**EW**r; kleyn; s**HG**oon-uh; ay-tah-'lah-zhuh; b**EW**r-uh; ahr-du**HG**

2.3 DIT/DAT/HET + ZIJN + NOUN

Dutch has a special construction used when identifying or describing people or things. It is introduced by either **dit**, **dat**, or **het**.

For example:
Dit is Jan. This is Jan.
Dat is de buurman. That is the neighbour (m.).
Het is de buurvrouw. It's the neighbour (f.).

If the noun is plural, the verb also takes the plural form, but **dit**, **dat**, or **het** never change.

For example:
Dit zijn de schoenen. These are the shoes.
Dat zijn de jurken. Those are the dresses.
Het zijn de buren. They are the neighbours.

VOCABULARY 1	
Bedoel je ...?	Do you mean ...?
een beetje	a bit
bijna	almost
daar	there, over there
dik	fat, thick
eigenlijk	actually, really
de etalage	shop window
Het is geen gezicht!	It's not a pretty sight!
groot	large
het haar	hair
de jongen	boy, young man
de jurk	dress
kaal	bald
het kind	child
klein	small
kort	short
maar	but
het meisje	girl
meneer	Mr

me**v**rouw	Mrs/Ms
na**tuur**lijk	natural
normaal	normal
Nou!	Well!
of	or
de pruik	wig
de rok	skirt
de schoen	shoe
slecht	bad
te	too
ten**min**ste	at least
twee	two
van	of
veel	much, many, a lot
ver**schrik**kelijk	terrible
ver**slet**en	down at heel, worn out
de vrouw	woman
Wat jammer! / Helaas!	What a shame! Too bad!
weg	away, gone
Nee joh	Not really
Zie je ...?	Do you see?
zo	so

IMITATED PRONUNCIATION

buh-dool yuh; uhn beyt-yuh; bey-nah; dahr; dick; ey-**HG**uh-luhk; duh ay-tah-'lah-zhuh; **HG**roht; uht hahr; duh yong-uh; duh yurk; kahl; uht kint; kleyn; kort; mahr; uht mey-shuh; muh-'nayr; muh-'vrow; nah-'t**EW**r-luhk; nor-mahl; now; off; duh pr**OW**k; duh rock; duh s**HG**oon; sle**HG**t; tuh; ten-'minss-tuh; tvay; *f*an; fayl; fer-'s**HG**rick-uh-luhk; fer-'slay-tuh; duh frow; *v*at *y*am-mer; ve**HG**; vel nay; zee yuh; zoh

PRONUNCIATION NOTE: Words that have a prefix such as **ver-** are stressed on the following syllable. This is the regular rule, so normally we won't indicate the stress with an underline. For more information, see section 5.6.

2.4 FORMS OF ADDRESS

meneer (Mr), **mevrouw** (Mrs / Ms)

As in English, these titles precede a family name, but in Dutch they are written with a lower-case initial letter.

Goedemorgen, meneer Smit.
Good morning, Mr Smit.

The terms **meneer** and **mevrouw** can also be used on their own when addressing a stranger, meaning 'sir' and 'madam', but as in English, today this usage is infrequent.

Pardon, meneer.
Excuse me, sir.

When addressing an envelope, put **De heer** or the abbreviation **dhr.** instead of **meneer**. The feminine form **mevrouw** is abbreviated to **mevr.** or **mw**.

Exercise 1

Translate the following sentences into English:

1 De man is erg groot.
2 Het meisje is klein.
3 De huizen zijn veel te groot.
4 De vrouw heeft een pruik.
5 De buren hebben een kind.
6 Het is een meisje.
7 Het meisje zit in de tuin.
8 De schoenen zijn een beetje versleten.
9 Het dier is niet vriendelijk.
10 Het is sluw.

Exercise 2

Translate the following sentences into English:

1 Dit huis heeft een tuin.
2 Dat huis is te klein.
3 Die huizen zijn erg groot.
4 Deze jurk is te kort.
5 Deze schoenen zijn een beetje groot.
6 Die schoenen zijn veel te klein.
7 Zie je deze jongen en dit meisje?
8 Die zijn erg aardig.
9 Dat zijn de buren.
10 Die is aardig maar die is niet zo vriendelijk.

Exercise 3

Translate the following sentences into Dutch:

1 This boy has a boat.
2 That girl has a pen.
3 These men are very kind.
4 Those women are also kind.
5 This house is large, but that one is small.
6 That garden is too big.
7 Those shoes are very expensive.
8 That dress is too short, but this one is very pretty.
9 These are the neighbours.
10 They are not very nice.
11 That animal over there is a lion.
12 This is the farmer.
13 He is sitting in a boat.
14 This boat is new, and that one is too.
15 These women are both tired.

Drill 1

In 1, substitute the word in bold with the word in the second column, changing the form of the demonstrative and verb if necessary. In 2, respond to the stimulus. In both cases, remember to keep the next line covered.

1 Substitution drill

Dit **huis** is klein.	**boot**
Deze **boot** is klein.	**meisje**
Dit **meisje** is klein.	**schoenen**
Deze **schoenen** zijn klein.	**tuin**
Deze **tuin** is klein.	**kind**
Dit **kind** is klein.	**huizen**
Deze **huizen** zijn klein.	**paraplu**
Deze **paraplu** is klein.	

2 Stimulus–response drill

S Die jongen is erg aardig.
R Deze is ook aardig.

S Dat dier is erg ziek.
R Dit is ook ziek.

S Die vrouwen hebben hoofdpijn.
R Deze hebben ook hoofdpijn.

S Dat kind heeft koorts.
R Dit heeft ook koorts.

S Die schoenen zijn erg versleten.
R Deze zijn ook versleten.

S Die jurk is erg kort.
R Deze is ook kort.

CONVERSATION 1

Mensen kijken / People-watching

MEVROUW SMIT	**Zie je die twee vrouwen daar?**
MEVROUW DE WIT	**Bedoel je die met de mooie jurk en die met het korte haar?**
MEVROUW SMIT	**Ja. Ze is bijna kaal.**
MEVROUW DE WIT	**Nee joh! Dat haar is normaal. Nou ... Maar zie je die met de blauwe jurk?**
MEVROUW SMIT	**Die jurk is te kort voor mij, maar hij is zo slecht nog niet.**
MEVROUW DE WIT	**Zie je die schoenen?**
MEVROUW SMIT	**Ze zien er erg duur uit.**
MEVROUW DE WIT	**Die van mij zien er versleten uit. Het is geen gezicht!**
MEVROUW SMIT	**Bedoel je je jurk of je schoenen?**
MEVROUW DE WIT	**Allebei eigenlijk. Helaas!**

TRANSLATION 1

MRS SMIT	Do you see those two women over there?
MRS DE WIT	Do you mean the one with the pretty dress and the one with the very short hair?
MRS SMIT	Yes. She's almost bald.
MRS DE WIT	Well, no! That hair is normal. Now ... but do you see the one with the blue dress?
MRS SMIT	That dress is too short for me, but it isn't so bad.
MRS DE WIT	Do you see those shoes?
MRS SMIT	They look very expensive.
MRS DE WIT	They make mine look worn out. Not a pretty sight!
MRS SMIT	Do you mean your dress or your shoes?
MRS DE WIT	Both of them, actually. What a shame!

2.5 NOUN PLURALS ENDING IN -EN

The most frequent way to make a noun plural in Dutch is to add **-en** to the singular noun:

maan (moon) → **manen** (moons)
man (man) → **mannen** (men)

SPELLING NOTE: Refer to section 1.4 if you need a reminder about the spelling rules.

PRONUNCIATION NOTE: The final **-n** is not usually pronounced or is just barely voiced, e.g. **manne(n)**.

If a noun ends in **-s** or **-f**, this is replaced by **z** or **v** respectively when the plural ending is added:

huis (house) → **huizen** (houses)
wolf (wolf) → **wolven** (wolves)

PRONUNCIATION NOTE: At the end of a word, **-d** and **-b** are pronounced like t and p respectively. But when the plural ending is added, **d** and **b** are pronounced as in the English d and b:

het bed (the bed) → **bedden** (beds)
ik heb (I have) → **wij hebben** (we have)

A few nouns that add **-en** in the plural also have a change in the vowel sound. The most common of these are:

de dag (day)	→	**dagen**
het dak (roof)	→	**daken**
het glas (glass)	→	**glazen**
het schip (ship)	→	**schepen**
de stad (town)	→	**steden**
de weg (road)	→	**wegen**

Compare these with the examples in section 1.4. If the vowel sound of **dag** had to be retained, the **g** would need to be doubled in the plural, in the same way as the **n** in

mannen. But the vowel sound in **dagen** is the same as the vowel sound in **maan**. The same applies to **dak** and **glas** and **weg**. In other words, category (2) vowels in the singular become category (1) vowels in the plural.

IMITATED PRONUNCIATION

mahn; mahn-uh; m*a*n; m*a*n-nuh; h**OW**ss; h**OW**-zuh; volff; volf-uh; bet; bed-duh; hep; heb-buh; d*a***HG**; dah-**HG**uh; d*a*k; dah-kuh; **HG**l*a*ss; **HG**lah-zuh; s**HG**ip; s**HG**ay-puh; st*a*t; stay-duh; ve**HG**; vay-guh

2.6 NOUN PLURALS ENDING IN -S

Some Dutch nouns form the plural by adding **-s**. They are:

(1) Nouns ending in **-el**, **-em, -en, -er** or **-je**.

For example:

de tafel (table)	**tafels**
de bezem (broom)	**bezems**
het laken (sheet)	**lakens**
de vader (father)	**vaders**
het meisje (girl)	**meisjes**

(2) Nouns ending in **-a, -o** or **-u**. The plural ending is always preceded by an apostrophe in this case.

For example:

de foto (photograph)	**foto's**
de paraplu (umbrella)	**paraplu's**

(3) Most nouns ending in an unstressed vowel:

de tante (aunt)	**tantes**
de ambitie (ambition)	**ambities**

(4) Most loanwords (usually English or French).

For example:

de tram (tram)   **trams**
het per<u>ron</u> (platform)   **perrons**

IMITATED PRONUNCIATION

tah-fuhl; tah-fuhls; bay-zem; bay-zems; lah-kuh; lah-kens; fah-der; fah-ders; mey-shuh; mey-shess; ffoh-toh; ffoh-tohs; pah-rah-'pl**EW**; pah-rah-'pl**EW**s; t*a*n-tuh; t*a*n-tuhs; *a*m-'bee-tsee; *a*m-'bee-tsees; trem; trems; pehr-'ron; pehr-'rons

2.7 NOUN PLURALS ENDING IN -EREN

A small group of neuter nouns add **-eren** in the plural. The most common are listed below:

het blad (leaf)	**bladeren**
het ei (egg)	**eieren**
het kind (child)	**kinderen**
het lied (song)	**liederen**
het volk (nation, people)	**volkeren** (also **volken**)
het been (bone)	**beenderen** (inserts a **d** before the suffix)

NOTE: **het been** (leg)   **benen** (legs)

IMITATED PRONUNCIATION

bl*a*t; blah-duh-ruh; ey; ey-uh-ruh; kint; kin-duh-ruh; leet; lee-duh-ruh; folk; fol-kuh-ruh/fol-kuh; bayn; bayn-duh-ruh; bayn; bay-nuh

2.8 FEMININE NOUNS

Words that refer to occupations, nationalities, animals, etc. typically have an equivalent feminine form. This is usually created by adding one of four endings to the masculine word.

Examples of the feminine suffixes are given below:

(1) -in (plural **-nen**) This suffix is always stressed, as in:

boer (farmer)	**boerin** (farmer, farmer's wife)
leeuw (lion)	**leeuwin** (lioness)
Rus (Russian man)	**Russin** (Russian woman)
koning (king)	**koningin** (queen)

(2) -es (plural **-sen**) This suffix is stressed:

leraar (male teacher)	**lerares** (female teacher)
prins (prince)	**prinses** (princess)

(3) -e (plural **-n** or **-s**) This suffix is unstressed:

student	**studente**
(male student)	(female student)
bloemist	**bloemiste**
(male florist)	(female florist)

For most nationalities, an unstressed **-e** is added to the adjective of nationality, as in:

Engels (English)	**Engelse** (English woman)
Nederlands (Dutch)	**Nederlandse** (Dutch woman)

(4) -ster (plural **-s**) This ending is added to the stem of a verb. It is unstressed:

schrijf (write)	**schrijfster** (female writer)
verpleeg (nurse)	**verpleegster** (female nurse)

Other endings exist, but are less frequently used. These include **-trice** (plural **-s**) (stressed), **-euse** (plural **-s**) (stressed), and **-esse** (plural **-n**) (stressed).

acteur (actor)	**actrice** (actress)
regisseur (male director)	**regisseuse** (female director)
bibliothecaris (male librarian)	**bibliothecaresse** (female librarian)

IMITATED PRONUNCIATION

boor; boor-'in; lay'oo; lay'oo-'in; ruhss; ruhss-'in; koh-
ning; koh-ning-'in; lay-rahr; lay-rahr-'ess; prins; prin-'sess;
st**EW**-'dent; st**EW**-'dent-uh; bloom-'ist; bloom-'ist-uh; engels; eng-els-uh; nay-der-l*a*nts; nay-der-l*a*nt-suh; s**HG**reyff;
s**HG**reyff-ster; fer-'play**HG**; fer-'play**HG**-ster; ak-'ter;
ak-'tree-suh; ray-**HG**ee-'shuhr; ray-**HG**ee-'shuh-zuh;
bee-blee-oh-tay-'kah-riss; bee-blee-oh-tay-kah-'ress-uh

VOCABULARY 2

alles	everything	Luistert u	Listen here...
altijd	always	eens ...	
de biografie	biography	mijn	my
(plural:		moeilijk	difficult
biografieën)		de naam	name
het boek	book	de oom /	uncle
de dag	day	(plural: ooms)	
Dag!	Hello! &	de tante	aunt
	Goodbye!	(plural: tantes)	
goed	good	over	about
Goedemorgen!	Good	de roman	novel
	morning!	saai	dull, boring
(When an e is added to		de schrijver /	author
goed, the d can be		schrijfster	
pronounced as a Dutch j.)		de verpleger /	nurse
heel	very	verpleegster	
hier	here	uit	from, out of
jazeker	of course	Weet ik veel?	How should
kieskeurig	choosy, fussy		I know?

IMITATED PRONUNCIATION

*a*l-luhs; *a*l-teyt; bee-oh-**HG**rahf-'fee; bee-oh-**HG**rahf-'fee-uh;
book; d*a***HG**; **HG**oot; **HG**oo-yuh mor-**HG**uh; hayl; heer;
yah-'zay-ker; kees-'k**uw**-ru**HG**; l**OW**ss-tert **EW** ayns; meyn;
moo'ee-luhk; nahm; ohm; ohms; tan-tuh: tan-tuhs; oh-ver;
roh-'m*a*n; sah'ee; s**HG**rey-ver; s**HG**reyff-ster; fer-'play-**HG**er;
fer-'play**HG**-ster; **OW**t; vayt ick fayl

Exercise 4

Translate the following sentences into English:

1 Ik heb twee pennen.
2 De boer heeft veel penen.
3 Wolven en leeuwen zijn dieren.
4 Huizen hebben daken.
5 De steden hebben veel wegen en straten.
6 Die vrouwen hebben heel veel boeken.
7 Studenten hebben altijd veel boeken.
8 Biografieën zijn niet altijd saai.

Exercise 5

Translate the following sentences into English:

1 Dit zijn de jongens en meisjes van de buurvrouw.
2 Zij heeft twee tantes en twee ooms.
3 Deze foto's zijn erg goed.
4 De vaders en de moeders van die kinderen hebben allebei veel ambities.
5 Die liederen zijn erg mooi.
6 Deze paraplu's zijn groot.
7 De stad heeft veel trams.
8 Die tafels zijn nieuw.

Exercise 6

Translate the following sentences into English:

1 De bibliothecaresse heeft veel romans.
2 De schrijfster heeft twee huizen.
3 De lerares is erg aardig.
4 Dit is mijn personal assistant.
5 De vader van de studente heeft een boot.
6 De boerinnen zijn vriendelijk.
7 Zijn prinsessen altijd mooi?
8 De Engelse is ziek: zij heeft koorts.

Exercise 7

Translate the following sentences into Dutch:

1 These pears are expensive.
2 I have two dresses.
3 Are those novels dull?
4 The author (f.) has a lot of books.
5 Biographies are difficult.
6 The Dutch woman has two children.
7 Nurses are always kind.
8 The photographs of the lioness are very good.
9 The boys and girls are in the garden.
10 Are the roads good here?
11 Do you (informal sing.) see those skirts in the shop window?
12 I have a book about ships and boats.
13 Is the teacher (f.) very tired?
14 Aunts and uncles are nice.

Drill 2

1 Stimulus–response drill

S Dit boek is saai.
R Deze boeken zijn ook saai.

S Deze roman is slecht.
R Deze romans zijn ook slecht.

S Deze weg is nieuw.
R Deze wegen zijn ook nieuw.

S Dit kind is aardig.
R Deze kinderen zijn ook aardig.

S Deze etalage is groot.
R Deze etalages zijn ook groot.

S Dit huis is klein.
R Deze huizen zijn ook klein.

2 Stimulus–response drill

S De leraar zit in de tuin.
R De lerares zit in de tuin.

S De bibliothecaris zit in de tuin.
R De bibliothecaresse zit in de tuin.

S De schrijver zit in de tuin.
R De schrijfster zit in de tuin.

S De boer zit in de tuin.
R De boerin zit in de tuin.

S De student zit in de tuin.
R De studente zit in de tuin.

S De bloemist zit in de tuin.
R De bloemiste zit in de tuin.

CONVERSATION 2

Een tevreden klant

MENEER DE BRUIN	**Goedemorgen. Heeft u dat boek over de prinses?**
BIBLIOTHECARESSE	**Ik heb veel boeken over prinsessen.**
MENEER DE BRUIN	**Deze is Engels.**
BIBLIOTHECARESSE	**Is het een biografie of een roman?**
MENEER DE BRUIN	**Biografieën zijn saai.**
BIBLIOTHECARESSE	**Ook die over prinsen en prinsessen?**
MENEER DE BRUIN	**Heeft u een roman over een prinses uit Engeland?**
BIBLIOTHECARESSE	**Jazeker. En de naam van de schrijver is …?**
MENEER DE BRUIN	**Weet ik veel? U bent de bibliothecaresse.**
BIBLIOTHECARESSE	**Dat maakt het een beetje moeilijk.**
MENEER DE BRUIN	**Luistert u eens. Het is niet voor mij. Het is voor mijn vrouw. Die is niet zo kieskeurig.**

| BIBLIOTHECARESSE | **Hier heeft u een roman over een Egyptische koningin. Is dat goed?** |
| MENEER DE BRUIN | **Ja. Dat is best. Dank u. Dag!** |

TRANSLATION 2

A satisfied customer

MR DE BRUIN	Good morning. Do you have that book about the princess?
LIBRARIAN	I have a lot of books about princesses.
MR DE BRUIN	This one is English.
LIBRARIAN	Is it a biography or a novel?
MR DE BRUIN	Biographies are boring.
LIBRARIAN	Even those about princes and princesses?
MR DE BRUIN	Do you have a novel about a princess from England?
LIBRARIAN	Of course. And the writer's name is …?
MR DE BRUIN	How should I know? You're the librarian.
LIBRARIAN	That makes it a bit difficult.
MR DE BRUIN	Listen here. It isn't for me. It's for my wife. She's not that fussy.
LIBRARIAN	Here's a novel about an Egyptian queen. Is that all right?
MR DE BRUIN	Yes. That's fine. Thank you. Goodbye!

Week 3

At the end of this week, you'll get a chance to review what you've learned so far in the revision exercises. New material you'll learn includes:

- *how to form the present tense*
- *some useful verbs, including* **komen** *('to come')*
- *asking questions: 'Where?', 'What?', 'Who?', etc.*

3.1 FORMING THE PRESENT TENSE

The present tense in Dutch can also translate to the present continuous: thus, **hij drinkt** can mean 'he drinks' or 'he is drinking', depending on the context.

As in most verb conjugations, this tense is formed by adding specific conjugation endings to the stem of the verb. Let's start with the infinitive form of the verb, e.g.:

drinken (to drink)
wonen (to live)
liggen (to lie) (i.e. lay horizontally)

The stem is formed by removing the **-en** infinitive ending, in this case leaving:

drink-, woon-, lig-

SPELLING NOTE: The verb **wonen** requires a doubled vowel in closed syllables (which is the case of the stem **woon-**). The verb **liggen** requires a double consonant in the infinitive, but a single consonant in the stem. For a reminder of these spelling rules, see section 1.4.

Here is the present tense of **drinken** (to drink), showing the conjugation for regular verbs:

singular
ik drink	I drink
jij drinkt	you drink (informal)
u drinkt	you drink (formal)
hij drinkt	he drinks

zij drinkt	she drinks
het drinkt	it drinks

plural

wij drinken	we drink
jullie drinken	you drink (informal)
u drinkt	you drink (formal)
zij drinken	they drink

The first-person singular is the stem with no ending. The second- and third-person singular add **-t** to the stem, and **-en** is added for all plural forms (except the formal 'you').

NOTE: When inversion occurs (see section 1.9), the second-person singular form drops its **-t** ending. This is the only form affected in this way:

Jij woont in Amsterdam. You live in Amsterdam.
But:
Woon jij in Amsterdam? Do you live in Amsterdam?

Hij woont in Londen. He lives in London.
And:
Woont hij in Londen? Does he live in London?

When the stem of a verb already ends in **-t**, a second **-t** is never added in the singular of the present tense:

infinitive	stem	3rd-person singular
zitten (to sit)	**zit-**	**hij/zij zit** (he/she sits)
praten (to talk)	**praat-**	**hij/zij praat** (he/she talks)

In verbs with a **z** or **v** before the infinitive ending (such as **lezen** and **blijven**), this letter changes to **s** or **f** respectively in the stem and throughout the present tense singular, but not in the plural:

infinitive	stem	3rd-person sing.	3rd-person plural
lezen (to read)	**lees-**	**hij leest**	**zij lezen**
blijven (to stay)	**blijf-**	**hij blijft**	**zij blijven**

PRONUNCIATION NOTE: When the stem of a verb ends in **-d**, this is pronounced as a t (see section 2.5).

So in **worden** (to become), the stem is **word-** (pronounced 'vort'). When the second- and third-person singular ending **-t** is added to this stem, the resulting **-dt** retains the sound of t: **hij/zij wordt** (pronounced 'vort') (he/she becomes).

In spoken Dutch, verbs whose stem ends in **-d** preceded by either **ij** (e.g. **rijden**) or **ou** (e.g. **houden**) drop the **-d** in the first-person singular and in the inverted question form of the second-person singular:

infinitive	stem	1st-person sing.	2nd-person sing.
rijden (to drive)	**rijd-**	**ik rij(d)**	**rij(d) jij?**
houden (to hold)	**houd-**	**ik hou(d)**	**hou(d) jij?**

The **-d** may be written, but it is not pronounced.

IMITATED PRONUNCIATION

drink-uh; voh-nuh; li**HG**-uh; ick drink; yey *etc.* drinkt; vey *etc.* drink-uh; zit-tuh; hey zit; prah-tuh; hey praht; lay-zuh; hey layst; zey lay-zuh; bley-fuh; hey blayfft; zey bley-fuh; vor-duh; hey vort; rey-uh; ick rey; rey yey; how-uh; ick how; how yey

3.2 SOME USEFUL VERBS

(1) komen to come
This verb has a change of vowel sound in the singular of the present tense. Given the spelling rules explained in section 1.4, one would expect the stem to change to **oo**, but it remains **kom**.

singular	plural
ik kom (I come)	**wij komen**
jij komt (kom jij?)	**jullie komen**
u komt (formal)	**u komt** (formal)
hij/zij komt	**zij komen**

(2) There are five monosyllabic verbs whose infinitives end in **-n** rather than **-en**:

infinitive	stem
gaan (to go)	**ga-**
staan (to stand)	**sta-**
slaan (to hit)	**sla-**
doen (to do)	**doe-**
zien (to see)	**zie-**

They form the present tense following the regular pattern in the singular and just add **-n** in the plural. Remember to apply the spelling rules to **gaan**, **staan** and **slaan**.

For example:

ik ga (I go)	**wij gaan**
jij gaat (ga jij?)	**jullie gaan**
u gaat	**u gaat**
hij/zij gaat	**zij gaan**

IMITATED PRONUNCIATION

koh-muh; ick kom; yey *etc.* komt; kom yey; vey *etc.* koh-muh; **HG**ahn; stahn; slahn; doon; zeen; ick **HG**ah; yey *etc.* **HG**aht; **HG**ah yey; vey *etc.* **HG**ahn

3

As we've seen in section 1.9, to ask a question in Dutch you simply switch around the subject and the verb. There is no equivalent in Dutch to the English interrogative 'Do ...?'. So **Drinkt u?** means 'Do you drink?'

In the previous section, we also saw that the Dutch present tense can also translate to the present continuous (i.e. an ongoing action). So **Drinkt u?** can mean 'Do you drink?' (generally) or 'Are you drinking?' (right now).

Questions can also be introduced with question words such as **waar** (where), **wat** (what), **wie** (who), **hoe** (how), **waarom** (why), and **wanneer** (when). These words still require the inversion of the subject and verb:

Waar woont hij? Where does he live?
Wat drink je? What are you drinking?
Wie is die man? Who is that man?
Hoe gaat het? How are things? ('How goes it?')
Waarom doe je dat? Why are you doing that?
Wanneer komt hij? When is he coming?

To ask 'Where ... to?' **naartoe** is added to the end of a 'Where' question:

Waar ga je naartoe? Where are you going (to)?

Similarly, to ask 'Where ... from?' **vandaan** is added to the end of a 'Where' question:

Waar komt zij vandaan? Where does she come from?

'Which' questions are introduced by **welk** or **welke**. **Welk** is used in front of **het**-nouns, and **welke** in front of **de**-nouns (which include plural nouns). For example:

Welk huis bedoel je? Which house do you mean?
Welke jurk bedoel je? Which dress do you mean?
Welke huizen bedoel je? Which houses do you mean?

IMITATED PRONUNCIATION

vahr; vat; vee; hoo; vah-'rom; van-nayr; nahr-'too;
fan-'dahn; welk; wel-kuh

VOCABULARY

achter	behind	naar	to
het bezoek	visit	naar huis	(towards)
op bezoek	on a visit		home
het bier	beer	nooit	never
denken	to think	het	restaurant
echt	real, really	restaurant	
het feest	party	reuze gezellig	great fun
gezellig	pleasant	thuis	at home
het glas	glass	uit	from,
houden van	to like, to love		out of
het idee	idea	vanavond	this evening
jawel	oh yes, yes	vinden	to find
	indeed	Hoe vind	What do
kennen	to know, to be	je ...?	you think
	acquainted		of ...?
	with	voor	for
leuk	nice, lovely	vóór (stressed)	in front of
maken	to make	de wijn	wine
na	after	zo	so

IMITATED PRONUNCIATION

aHG-tuh; buh-'zook; beer; den-kuh; eHGt; ffayst; HGuh-
'zel-luHG; HGlas; how-uh fan; ee-'day; yah-'vel; ken-nuh;
luwk; mah-kuh; nah; nahr; nahr hOWss; noy-eet; res-toh-
'rahn; 'ruw-zuh-guh-'zel-luHG; tOWss; OWt; fan-'ah-font;
fin-duh; hoo fint yuh; fohr; foohr; veyn; zoh

Exercise 1

Write the first- and third-person singular present tense of these verbs:

1 liggen 2 wonen 3 praten 4 drinken
5 worden 6 zitten 7 rijden 8 komen
9 slaan 10 zien 11 houden 12 gaan

Exercise 2

Translate the following sentences into English:

1 Wij wonen in Londen.
2 Waar woon jij?
3 Hij ligt in bed.
4 Drinken jullie veel koffie?
5 Ik vind het feest erg gezellig.
6 Zij zitten in de tuin achter het huis.
7 Zij praat veel.
8 Wie woont in dat huis?
9 Wij houden van feesten.
10 Hoe vind je de wijn in dit restaurant?

Exercise 3

Translate the following sentences into English:

1 Waar gaan de studenten naartoe?
2 Zie je die kinderen daar?
3 Zij staan vóór het huis.
4 Ik kom uit Londen.
5 Waar komen jullie vandaan?
6 Wat doen we vanavond?
7 Gaat u altijd naar dat restaurant?
8 Zij ziet de buurvrouw in de bus.
9 Dag. Ik ga naar huis.
10 Deze jongen slaat de hond nooit.

Exercise 4

Translate the following sentences into Dutch:

1 What are you (inform. sing.) doing after the party?
2 I'm going home.
3 Where do they come from?
4 We live in that house.
5 Why are you (informal pl.) sitting in the garden?
6 I'm reading a book.
7 Do you (formal) know Amsterdam?
8 She is staying at home.
9 What do the children drink?
10 Who is standing over there?
11 The librarian (f.) loves parties.
12 You (informal sing.) are talking a lot this evening.

Drills

1 Substitution drill

As before, substitute the word in bold with the word in the second column and change the verb where necessary. Remember to keep the next line covered in each case.

Hij ligt in de tuin.	**jullie**
Jullie liggen in de tuin.	**ik**
Ik lig in de tuin.	**jij**
Jij ligt in de tuin.	**wij**
Wij liggen in de tuin.	**zij** (plural)
Zij **liggen** in de tuin.	**zitten**
Zij zitten in de tuin.	**jij**
Jij zit in de tuin.	**wij**
Wij zitten in de tuin.	**zij** (singular)
Zij zit in de tuin.	

2 Stimulus–response drill

S Drink je altijd koffie?
R Ja, ik drink altijd koffie.

S Woont u hier in Amsterdam?
R Ja, ik woon hier in Amsterdam.

S Houd je van feesten?
R Ja, ik houd van feesten.

S Praat u veel?
R Ja, ik praat veel.

S Ziet u de kinderen?
R Ja, ik zie de kinderen.

S Gaat u naar huis?
R Ja, ik ga naar huis.

S Vind je de tuin mooi?
R Ja, ik vind de tuin mooi.

S Kent u de bibliothecaresse?
R Ja, ik ken de bibliothecaresse.

CONVERSATION

Snel gedaan

ANNEKE **Dag Lies, hoe gaat het?**
LIES **Heel goed, dank je. Ken je Ton de Groot?**
ANNEKE **Ik denk het niet. Hallo. Ik ben Anneke Smeets.**
TON **Dag Anneke.**
LIES **Ton woont niet hier in Amsterdam. Hij woont in Leiden.**
ANNEKE **Wat leuk! Ik vind Leiden zo mooi. Hoe vind je het feest?**
TON **Reuze gezellig, hoor.**
LIES **Wat drinken jullie?**
ANNEKE **Ik een glas wijn.**
TON **En ik een bier, alsjeblieft.**

LIES	**Ik ben zo terug.**
TON	**Zeg Anneke, vind je Leiden echt zo leuk?**
ANNEKE	**Jazeker.**
TON	**Waarom kom je dan niet op bezoek?**
ANNEKE	**Goed idee, Ton.**
TON	**Prima! Wanneer kom je?**
ANNEKE	**Vanavond na het feest? Gaan we?**
LIES	**Hier ben ik ...**
TON EN ANNEKE	**Dag!**

3

TRANSLATION

Quick work

ANNEKE	Hello, Lies. How are things?
LIES	Fine, thanks. Do you know Ton de Groot?
ANNEKE	I don't think so. Hello. I'm Anneke Smeets.
TON	Hello, Anneke.
LIES	Ton doesn't live here in Amsterdam. He lives in Leiden.
ANNEKE	How nice. I think Leiden is so lovely. What do you think of the party?
TON	Oh, great fun.
LIES	What are you drinking?
ANNEKE	A glass of wine for me.
TON	And a beer for me, please.
LIES	I won't be long.
TON	Hey, Anneke, do you really think Leiden is that nice?
ANNEKE	Definitely.
TON	Why don't you come for a visit, then?
ANNEKE	Good idea, Ton.
TON	Great! When are you coming?
ANNEKE	This evening after the party? Shall we go?
LIES	I'm back (lit. 'Here I am') ...
TON & ANNEKE	Bye!

Revision exercises

Exercise 1

Make the following sentences plural. For example:

De bibliothecaresse komt uit Utrecht.
De bibliothecaressen komen uit Utrecht.

1 Het meisje is aardig.
2 Woont de student in Rotterdam?
3 De jurk is te kort.
4 Heb je misschien hoofdpijn?
5 Dit is de jongen.
6 Een leeuw is een dier.
7 Het kind gaat naar huis.
8 Wie is die man?

Exercise 2

Fill in the gaps with an appropriate verb. Change the form of the verb if necessary. For example:

(drinken) Tante … wijn.
Tante drinkt wijn.

wonen, praten, lezen, drinken, bedoelen, houden, zien, gaan

1 Tante … in Den Haag.
2 Het kind … een boek.
3 … je die man daar?
4 Wanneer … we naar Amsterdam?
5 Jullie … te veel.
6 Welk huis … je?
7 De studenten … bier.
8 Ik … van feesten.

Exercise 3

Fill in with **deze** or **dit**.

1 … romans zijn saai.

2 Hoe vind je … restaurant?

3 … huis heeft een tuin.

4 Ik vind … schrijver erg goed.

5 … schoenen zijn veel te klein.

6 … huizen zijn te duur.

7 Houd je van … wijn?

8 … jongen woont in Leiden.

9 … meisje houdt dieren.

10 … meisjes en … jongens zijn erg vriendelijk.

Exercise 4

Fill in with **die** or **dat**.

1 Wie is … man?

2 Ken je … vrouw daar?

3 Ze woont in … huis.

4 … kind is erg moe.

5 Bent u de moeder van … kinderen?

6 Ik vind … stad erg mooi.

7 Zie je … jurk in de etalage?

8 … restaurant is veel te duur.

9 Heeft u … boek?

10 … boeken zijn te moeilijk.

3

Exercise 5

Below is a list of answers. Formulate the questions to go with them. For example:

Ik ga naar huis.
Waar ga je naartoe?

1 Ik kom uit Londen.
2 We gaan naar het feest.
3 Ja, ik houd van wijn.
4 Meneer de Vries woont in Leiden.
5 Ze komt vrijdag op bezoek.
6 Ja, hij vindt het restaurant gezellig.

Exercise 6

Answer the following questions in the affirmative, e.g.:

Leest u altijd romans?
Ja, ik lees altijd romans.

1 Drink je altijd koffie?
2 Gaat u vanavond naar het restaurant?
3 Zit u de hele dag hier?
4 Praat u over de buren?
5 Woon je in dat huis?
6 Houd je van lezen?
7 Heeft u hoofdpijn?
8 Ben je ziek?

Exercise 7

Fill in the gaps.

'De kinderen zijn .... Ze ... hoofdpijn en ook koorts.'
'... ze ook moe?'
'Ja, ... zijn moe. Ze liggen ... bed. De dokter ... vanavond.'
'Nou, goed zo. Ga je ... het feest vanavond?'
'Nee, ik blijf ....'

Week 4

Topics covered include:
- commands ('Come in!', 'Move on!', etc.)
- word order in Dutch sentences
- negation
- uses of the definite article **de/het**
- object pronouns ('me', 'you', 'him', etc.)
- reflexive pronouns ('myself', etc.)
- reflexive verbs

4.1 COMMANDS

4

The form of the verb used to give an order is simply the stem.

For example:
Drink! Drink!   **Ga!** Go!   **Blijf!** Stay!

This command form can be used for addressing anyone – **jij, jullie** or **u** – unless circumstances require being especially polite. In this case, the **u** form of the verb is used with inversion.

For example:
Komt u binnen! Come in!
Blijft u hier! Stay here!

An impersonal command or prohibition can be given using the infinitive:

Niet roken. Don't smoke.
Doorlopen. Move on.

4.2 WORD ORDER

The structure of a Dutch sentence can be quite different from an English sentence.

One of the key rules in Dutch is that the main verb must always be the SECOND element in the sentence.

De jongen gaat vanavond met de trein naar huis.
The young man is going home by train this evening.

Note that an 'element' can consist of more than one word. The verb is followed by an element telling 'when' (TIME: element 3), an element telling 'how' (MANNER: element 4) and an element telling 'where' the action takes place (PLACE: element 5). The elements always occur in this order. So, of the three – time, manner, and place – 'time' is always first and 'place' last.

It is possible to start a sentence with an element other than the subject: for example, an expression of time:

Vanavond gaat de jongen met de trein naar huis.

Note that **de jongen**, the subject of the sentence, is now element 3 because the verb must remain second; but time (**vanavond**), manner (**met de trein**), and place (**naar huis**) remain in the 'time, manner, place' order.

4.3 NEGATION: **NEE, NIET, GEEN**

The Dutch for 'no' is **nee**, and 'not' is **niet**.

Nee, ik drink niet.
No, I don't drink.

Note that **nee** is tagged on to the front of the sentence and does not affect the word order.

The position of **niet** varies. It often comes at the end of the sentence:

Ik zie de man niet.
I don't see the man.

Zij komt vanavond niet.
She isn't coming this evening.

But **niet** always precedes:

(1) a preposition, as in:

Hij woont niet in Amsterdam.
He doesn't live in Amsterdam.

(2) an adjective that follows the noun:

Het huis is niet groot.
The house is not large.

(3) binnen (inside), **buiten** (outside), **beneden** (downstairs), **boven** (upstairs), and **thuis** (at home)

For example:
De kinderen spelen niet boven.
The children aren't playing upstairs.

Another word used for negation is **geen**, which replaces an indefinite article. So:

Ik heb een pen. I have a pen.
is negated as follows:
Ik heb geen pen. I don't have a pen. ('I have no pen.')

Things that can't be counted, such as **water, bier, wijn**, etc., are also negated using **geen**. So:

Ik drink wijn. I drink wine.
becomes:
Ik drink geen wijn. I don't drink wine.

IMITATED PRONUNCIATION

nay; neet; bin-nuh; b**OW**-tuh; buh-'nay-duh; boh-vuh; t**OW**ss; **HG**ayn

4.4 USE OF THE DEFINITE ARTICLE

As a general rule, the definite article **de** or **het** is used more frequently in Dutch than in English. It is often used before abstract nouns, whereas this is not the case in English.

For example:
De klassieke literatuur
Classical literature
Hij is hoogleraar in de geschiedenis.
He is a professor of history.
De liefde is blind.
Love is blind.
Het leven is moeilijk.
Life is hard.

It is always used before the names of the seasons:

Ik houd meer van de zomer dan van de winter.
I like summer more than winter.
In de herfst or **In het najaar**
In autumn
In de lente or **In het voorjaar**
In spring

It is always used before street names:

Ik woon in de Julianastraat.
I live in Juliana Street.
De tram stopt op het Rembrandtsplein.
The tram stops in Rembrandt Square.

Other than this, it is difficult to give hard and fast rules about when the definite article is used, but try to listen out for Dutch phrases containing **de** or **het** that would not contain an article in English. Here are a few:

in het Nederlands	in Dutch
in de stad	in town
in het zwart	in black

| met de auto | by car |
| met de tijd | in time, with time |

Conversely, there are some common phrases that do not require a definite article in Dutch, whereas they do in English. A few are listed below to give you an idea of what to look out for:

op tafel	on the table
in zee	in the sea
op kan<u>toor</u>	at the office
in bad	in the bath
op straat	in the street

IMITATED PRONUNCIATION

kl*a*s-'seek-uh; lit-er-ah-'t**EW**r; hoh**HG**-'lay-rahr; **HG**uh-'s**HG**ee-duh-niss; leeff-duh; blint; lay-fuh; moo'ee-luhk; zoh-mer; hehrfst; nah-yahr; len-tuh; fohr-yahr; zw*a*rt; ow-toh; teyt

VOCABULARY 1

anders	otherwise
het bad	bath
be<u>lo</u>ven	to promise
het Engels	English
eten	to eat
de fiets	bicycle
ge<u>vaar</u>lijk	dangerous
het kan<u>toor</u>	office
laten	to let, to leave
de mens	person (also: humankind)
met	with, by
morgen	tomorrow
het Nederlands	Dutch
op	on, in
de poes	cat
poesje	pussycat, kitty
de rust	rest, peace

spelen	to play
het strand	beach
stoppen	to stop
studeren	to study
vandaag	today
het vlees	meat
Wees!	Be! (irregular imperative of **zijn**)
weten	to know (a fact)
de zee	sea
zeuren	to whine, to nag
zoet	sweet, good
zwemmen	to swim

IMITATED PRONUNCIATION

*a*n-derss; b*a*t; ber-'loh-vuh; eng-uhls; ay-tuh; ffeets; **HG**uh-'fahr-luhk; k*a*n-'tohr; lah-tuh; menss; met; mor-**HG**uh; nay-der-l*a*nts; op; pooss; pooss-yuh; ruhst; spay-luh; str*a*nt; stop-puh; st**EW**-'day-ruh; f*a*n-'da**HG**; flayss; vayss; vay-tuh; zay; z**uw**-ruh; zoot; zvem-muh

Note that **nietwaar** can be tagged on to the end of a statement to turn it into a question: the equivalent of English question tags such as 'doesn't he?' etc.:

Hij woont daar, nietwaar?
He lives there, doesn't he?
Zij komt morgen, nietwaar?
She's coming tomorrow, isn't she?

Also, the word **graag** (gladly) can be used with any verb to mean 'like':

Ik zwem graag.
I like swimming.
Ik speel graag.
I like playing.

It can also be used to mean 'please', 'willingly'.

Exercise 1

Translate the following sentences into English:

1 Lees dat boek.
2 Maar ik houd niet van romans.
3 Die mensen hebben geen auto.
4 Zij komt niet met de fiets: zij komt met de tram.
5 Jullie eten geen vlees, nietwaar?
6 Weet u dat echt niet?
7 De kinderen spelen niet op straat.
8 Morgen gaan wij met de trein naar het strand.
9 Deze bus stopt niet in de Beatrixstraat.
10 In de zomer zit ik graag in de tuin.

4

Exercise 2

Rearrange the following sentences to start with the subject:

1 Morgen gaan wij naar huis.
2 In de winter zwem ik niet in zee.
3 Vandaag komt de Engelsman op bezoek.
4 Hier zit ze altijd.
5 Daar wonen zij, nietwaar?
6 In de zomer spelen de jongens graag buiten.
7 Nee, vanavond blijf ik niet thuis.
8 Dat weet ik niet.
9 Op het Koningsplein stopt de tram niet.
10 Aardig is die man niet.

Exercise 3

Translate the following sentences into Dutch:

1 Do that.
2 Don't do that.
3 Stay here.
4 He is at the office.
5 We are going to Amsterdam by train.
6 She is reading that book in Dutch.
7 They aren't coming to the party this evening.
8 He is a professor of history, isn't he?
9 No, I am not a professor of history.
10 Don't you (informal pl.) drink wine?
11 That bus doesn't stop here.
12 I like lying in the bath.
13 The cat isn't upstairs.
14 Don't they have a garden?
15 Don't play in the street – it's too dangerous.

4

Drill 1

1 Stimulus–response drill

S Heeft u een auto?
R Nee, ik heb geen auto.

S Heb je een poes?
R Nee, ik heb geen poes.

S Heeft u kinderen?
R Nee, ik heb geen kinderen.

S Heb je een fiets?
R Nee, ik heb geen fiets.

S Eet u vlees?
R Nee, ik eet geen vlees.

S Drink je bier?
R Nee, ik drink geen bier.

S Heeft u buren?
R Nee, ik heb geen buren.

2 Stimulus–response drill

S Ga je met de trein?
R Nee, ik ga niet met de trein.

S Woont u in Amsterdam?
R Nee, ik woon niet in Amsterdam.

S Speelt hij met de poes?
R Nee, hij speelt niet met de poes.

S Blijft zij morgen thuis?
R Nee, zij blijft morgen niet thuis.

S Is deze roman goed?
R Nee, deze roman is niet goed.

S Gaan wij morgen met de auto?
R Nee, wij gaan morgen niet met de auto.

S Is de buurman aardig?
R Nee, de buurman is niet aardig.

De kleine tiran / The little tyrant

NICOLAAS **Mamma, waar is pappa?**

MAMMA **Op kantoor, natuurlijk. Ga maar even naar buiten. Speel met poesje in de tuin.**

NICOLAAS **Maar waarom niet op straat? Met de jongens.**

MAMMA **Dat is veel te gevaarlijk. Dat weet je.**

NICOLAAS **Gaat pappa met de auto?**

MAMMA **Nee, hij gaat niet met de auto, hij gaat altijd op de fiets. Dat weet je toch?**

NICOLAAS **Gaan wij met de auto, mam?**

MAMMA **Waarnaartoe?**

NICOLAAS **Naar het strand?**

MAMMA **Maar ik heb geen tijd, jongen. Morgen misschien.**

NICOLAAS **Rijden we morgen met de auto naar het strand? Beloof je dat?**

MAMMA **Ja. Ik beloof het. Wees vandaag dan maar zoet, anders gaan we niet. Afgesproken?**

NICOLAAS **Mamma, ik speel graag in de tuin, maar ik ga niet graag in bad en morgen zwem ik in zee, dus ....**

MAMMA **Vanavond geen bad. Laat me nu maar met rust – en niet zeuren!**

NICOLAAS **Kom maar, poesje!**

NICOLAAS Mummy, where is Daddy?

MOTHER At the office, of course. Go outside for a while. Play with kitty in the garden.

NICOLAAS But why not in the street, with the boys?

MOTHER That's much too dangerous. You know that.

NICOLAAS Does Daddy go by car?

MOTHER No, he doesn't go by car, he always goes by bike. You know that, don't you?

NICOLAAS Are we going by car, Mum?

MOTHER	Where to?
NICOLAAS	To the seaside?
MOTHER	But I don't have time, sweetie. Tomorrow maybe.
NICOLAAS	Are we driving to the beach tomorrow by car? Do you promise?
MOTHER	Yes. I promise. But be good today then, otherwise we won't go. Agreed?
NICOLAAS	Mummy, I like playing in the garden, but I don't like going in the bath, and tomorrow I'll be swimming in the sea, so ....
MOTHER	No bath tonight. But leave me in peace now, and don't nag!
NICOLAAS	Come on, kitty!

4

4.5 OBJECT PRONOUNS: 'ME', 'YOU', 'HIM', ETC.

The subject pronouns ('I', 'you', 'he', 'she', etc.) were introduced in section 1.7 in both their stressed and unstressed forms. Below are the object pronouns in their stressed forms followed by their unstressed forms. Brackets indicate a form that is spoken but not written.

singular	stressed	unstressed	
1st person	**mij**	**me**	me
2nd person	**jou**	**je**	you
2nd person (formal)	**u**		you
3rd person	**hem**	**('m)**	him
	haar	**(d'r)**	her
	het	**('t)**	it

plural	stressed	unstressed	
1st person	**ons**		us
2nd person	**jullie**	**(je)**	you
2nd person (formal)	**u**		you
3rd person	**hun** *or* **hen**	**(ze)**	them

The unstressed forms are always used in speech unless emphasis is needed. The third-person plural object pronoun ('them') has two stressed forms for referring to people.

In writing, **hen** is used for direct objects and objects after a preposition, and **hun** for indirect objects (both <u>only</u> when referring to people). The unstressed **ze** is the only possible pronoun for referring to things (i.e. them).

An important difference between Dutch and English is that **hij** and **hem** (and occasionally **zij** and **haar**) refer to things as well as people. This is because **het** is only used to refer to neuter nouns.

So **het boek** is referred to as:
De jongen leest het. The boy is reading it.

But **hij** and **hem** are used to refer to common nouns. So **de pen** is referred to in the following way:
De jongen heeft hem. The boy has it.

And **de pennen** (plural) as:
De jongen heeft ze. The boy has them.

IMITATED PRONUNCIATION

mey; muh; yow; yuh; **EW**; hemm; 'uhm; hahr; d'r; het; uht; onss; yuhl-lee; yuh; huhn; hen; zuh

4.6 DIRECT AND INDIRECT OBJECT PRONOUNS

To help you work out which personal pronoun to use, remember that the subject of a sentence is the person or thing that performs the action denoted by the verb.

The direct object is the person or thing the action is performed on. So in the sentence:
De jongen ziet de buren.
The boy sees the neighbours.

'The boy' is the subject and 'the neighbours' are the direct object. If pronouns are substituted for the nouns, this would be:
Hij ziet hen. He sees them. (**hen** = human direct object)

An indirect object is the person or thing that receives or is given a direct object. So in the sentence:

De jongen geeft de buren een taart.
The boy gives the neighbours a cake.

The direct object is the cake, which is given to the neighbours, who are therefore the indirect object. The pronoun 'them' (when referring to people) has two forms in Dutch. As mentioned, when it refers to a human direct object it is **hen**, but when it refers to a human indirect object, **hun** is required:

Hij geeft hun een taart.
He gives them a cake. (**hun** = human indirect object)

4.7 OBJECT PRONOUNS AFTER A PREPOSITION

When referring to people after a preposition, the object form of the pronoun is used. Some examples of Dutch prepositions you have already encountered include: **met, naar, voor, achter, in**.

Here are some examples of object pronouns referring to people used after prepositions:

Wij doen het voor haar. We are doing it for her.
Zij komt met hen. She's coming with them.
Geef het aan mij. Give it to me.

The personal pronoun is not used in Dutch if the object after a preposition is a thing. Instead, **er** is attached to the front of the preposition. So referring to **het huis**, for example, this would be:

Zij staan ervoor. They are standing in front of it.

Similarly, referring to **de bal**, this would be:

Hij speelt ermee. He is playing with it.

Note that **met** (with) changes to **mee** in this construction (not **ermet**, but **ermee** 'with it').

4.8 REFLEXIVE PRONOUNS: 'MYSELF', ETC.

singular

1st person	**me**	myself
2nd person	**je**	yourself
2nd person (formal)	**zich/u**	yourself
3rd person	**zich**	himself, herself, itself

plural

1st person	**ons**	ourselves
2nd person	**je**	yourselves
2nd person (formal)	**zich/u**	yourselves
3rd person	**zich**	themselves

The reflexive pronoun is used when the object is the same as the subject of the sentence. After a preposition, in English, the '-self' part of the pronoun is omitted:

Heeft hij geld bij zich?
Does he have any money on him?
Heb je een pen bij je?
Do you have a pen with you?

IMITATED PRONUNCIATION

muh; yuh; zi**HG**; **EW**; onss

4.9 REFLEXIVE VERBS

The subject and the object are the same in a reflexive verb: the action 'reflects back' on the subject. While English has some reflexive verbs (e.g. 'to enjoy oneself', 'to hurt oneself'), they are not very common.

In English, the reflexive pronoun that refers to the object is usually omitted; however, in Dutch, this pronoun is required. For example, the verb **zich wassen** (to wash oneself) must include the **zich** in Dutch:

Zij wast zich. She is washing (herself).

Moreover, **-zelf** may be added to the reflexive pronoun for emphasis:

Zij wast zichzelf.

Note that the reflexive pronoun for the formal 'you' is **zich**, for example:

U vergist zich.
You are mistaken.

Except in a command, for example:

Haast u!
Hurry up!

In addition to **zich wassen**, there are a number of verbs in Dutch that always include a reflexive pronoun as the object if no other object is present. There are also a few (indicated below by an asterisk*) that have both a reflexive pronoun and an object.

Some common reflexive verbs are:

zich amuseren	to amuse oneself, to enjoy oneself
zich gedragen	to behave
zich haasten	to hurry
zich herinneren*	to remember
zich verbazen	to be amazed
zich verbeelden*	to imagine
zich vergissen	to be mistaken, to be wrong
zich vervelen	to be bored
zich voelen	to feel

IMITATED PRONUNCIATION

zi**HG** ... *a*-m**EW**-'say-ruh; **HG**uh-'drah-**HG**uh
hahss-tuh; heh-'rin-uh-ruh; fer-'bah-zuh; fer-'bayl-duh;
fer-'**HG**is-suh; fer-'fay-luh; foo-luh

VOCABULARY 2

aan	to, at
afrekenen	to pay the bill
de appeltaart	apple cake
het cadeau	present, gift
het cadeautje	small present
druk	busy
ik heb het druk	I am busy
eigenlijk	actually
fris	fresh, refreshing
geven	to give
de koffie	coffee
kopen	to buy
het kopje	cup
krijgen	to receive, to get
lekker	nice, tasty
meteen	immediately
het mobieltje	mobile (phone)
de middag	afternoon, midday
nemen	to take
niets	nothing
nog een	another
de ober /	waiter / waitress
de serveerster	
ook nog	as well
ontzettend	very, extremely
smaken	to taste
het stuk	piece
het terrasje	terrace
de thee	tea
van	of, from
de zon	sun

IMITATED PRONUNCIATION

'af-ray-kuh-nuh; ap-puhl-tahrt; kah-'doh; kah-'doht-yuh; druhk; ey-**HG**uh-luhk; ffriss; **HG**ay-fuh; koff-ee; koh-puh; kop-yuh; krey-**HG**uh; leck-ker; met-'ayn; moh-beel-tyuh; mid-da**HG**; nay-muh; neets; no**HG** ayn; oh-ber; ser-'vayr-ster; ohk no**HG**; ont-'zet-tent; smah-kuh; stuhk; teh-'rass-yuh; tay; fan; zon

Exercise 4

Translate the following sentences into English:

1 Zij zien ons altijd in het café.
2 Geef mij een kopje thee.
3 Hier is de brief. Zij krijgt hem morgen.
4 Wij doen het voor jou.
5 Hij geeft het cadeau aan haar.
6 Daar zijn de buurkinderen. De poes speelt graag met hen.
7 De boeken liggen op tafel. Zie je ze?
8 Ligt de tuin achter het huis? Nee, hij ligt ervoor.
9 Wat doe je met die fiets? Ik rijd ermee naar de stad.
10 Wat doet het meisje met de pen? Zij schrijft ermee.

Exercise 5

Translate the following sentences into English:

1 Zij heeft de kinderen bij zich.
2 Zij hebben veel geld bij zich.
3 Heb je een mobieltje bij je?
4 Wij hebben geen foto's bij ons.
5 Voel je je moe?
6 Hij verveelt zich op kantoor.
7 Jullie amuseren je op het feest, nietwaar?
8 Wij haasten ons niet.
9 Houdt ze niet van appeltaart? Dat verbaast me.
10 Was je meteen!

Exercise 6

Translate the following sentences into Dutch:

1 We always see you (informal pl.) on the bus.
2 That apple cake is tasty. Where do you (informal sing.) buy it?
3 How do you (formal) feel?
4 The children are giving us a present.
5 Give that cup of coffee to me.
6 There's the car – do you (informal sing.) see it?
7 We are eating with them.
8 I give you (inf. sing.) the pen and you write with it.
9 There's the librarian. Do you (inf. pl.) know her?
10 The children are behaving well.
11 You (formal) like novels, don't you? Do you always read them?
12 Do you (inf. pl.) have any money with you?
13 She is having a wash upstairs.
14 We are enjoying ourselves here on the terrace in front of the café.
15 I remember that man.

Drill 2

1 Substitution drill

Replace the word in bold with the word in the second column. Remember to make any other necessary changes and to cover the line below.

Ik verveel me	**zij** (singular)
Zij verveelt zich	**wij**
Wij vervelen ons	**jullie**
Jullie vervelen je	**jij**
Jij verveelt je	**zij** (plural)
Zij vervelen zich	**hij**
Hij verveelt zich	**u**
U verveelt zich	

2 Stimulus–response drill

S Dit is het buurmeisje.
R Ken je haar?

S Dit is de buurman.
R Ken je hem?

S Dit is de leraar.
R Ken je hem?

S Dit zijn de buren?
R Ken je ze?

S Dit is de schrijfster.
R Ken je haar?

S Dit zijn de leraren.
R Ken je ze?

S Dit is de student.
R Ken je hem?

3 Stimulus–response drill

S Waar is het boek?
R Ik heb het.

S Waar zijn de kopjes?
R Ik heb ze.

S Waar is de paraplu?
R Ik heb hem.

S Waar is het geld?
R Ik heb het.

S Waar is dat glas?
R Ik heb het.

S Waar is die brief?
R Ik heb hem.

De klaploper

MARIE **Wat neem je?**

MAARTEN **Een thee en een stukje appeltaart, graag.**

MARIE **Ober, één thee en één koffie en twee stukken appeltaart, alstublieft. Zo, Maarten, gefeliciteerd met je verjaardag.**

MAARTEN **Dank je wel. En bedankt ook nog voor het cadeautje. Erg aardig van je.**

MARIE **Niets te danken, hoor. Ik geef graag cadeaus.**

MAARTEN **En ik krijg ze graag! Dit is ook een goed idee van jou. Ik voel me zo lekker hier op het terrasje in de zon.**

MARIE **Hier is de ober. Dank u wel .... Smaakt het? Ja, ik zie het. Nog een stuk?**

MAARTEN **Ja, graag. Ik vond het erg lekker.**

MARIE **Ober, nog een stuk taart voor meneer.**

MAARTEN **Met slagroom.**

MARIE **Met slagroom, dus .... Voor mij? .... Niets, dank u. Ik eet nooit veel bij de thee. En nog een kopje thee voor meneer.**

MAARTEN **Met citroen deze keer. Het smaakt lekker fris zo.**

MARIE **Dat is alles. Amuseer je je?**

MAARTEN **Ik vind dit café zo gezellig – ik blijf de hele middag hier.**

MARIE **O ja? Ik heb het eigenlijk erg druk. Wat jammer! Ober, ik reken meteen af.**

The freeloader

MARIE What are you having?

MAARTEN A tea and a small piece of apple cake, please.

MARIE Waiter, one tea and one coffee, and two pieces of apple cake, please. Well, Maarten, happy birthday (lit. 'congratulations with your birthday').

MAARTEN Thank you. And thanks for the present as well. It's very nice of you.

MARIE Not at all. I like giving presents.

MAARTEN And I like getting them! This is a good idea of yours too. I feel so good here on the terrace in the sun.

MARIE Here's the waiter. Thank you .... Does it taste good? Yes, I can see it does. Another piece?

MAARTEN Yes, please. It was very nice.

MARIE Waiter, another piece of cake for the gentleman.

MAARTEN With whipped cream.

MARIE With whipped cream, then .... For me? ... Nothing, thank you. I never eat much at teatime. And another cup of tea for the gentleman.

MAARTEN With lemon this time. It's nice and refreshing like that.

MARIE That's all. Are you enjoying yourself?

MAARTEN I think this café's so pleasant (lit. 'cosy') – I'm going to stay here all afternoon.

MARIE Really? Actually, I'm very busy. Such a shame. Waiter, I'll pay right away.

Week 5

This week you'll learn about:
- possessive adjectives ('my', 'your', 'his', 'her', etc.)
- ways of expressing possession
- three verbs used to indicate position (**staan, liggen, zitten**)
- the use and formation of the present perfect tense
- the past participle of weak verbs

5.1 POSSESSIVE ADJECTIVES ('MY', 'YOUR', ETC.)

singular	stressed	unstressed	
1st person	**mijn**	**(m'n)**	my
2nd person	**jouw**	**je**	your
2nd person (formal)	**uw**		your
3rd person	**zijn**	**(z'n)**	his/its
	haar	**(d'r)**	her

plural	stressed	unstressed	
1st person	**ons/onze**		our
2nd person	**jullie**	**je**	your
2nd person (formal)	**uw**		your
3rd person	**hun**	**(d'r)**	their

As in English, a possessive adjective is used in front of a noun to indicate who an object belongs to.

Dit is mijn paraplu. This is my umbrella.
Dat is jullie auto. That is your car.

The first-person plural pronoun ('our') has two stressed forms: **ons** is used before neuter singular nouns:

Dat is ons huis. That is our house.

And **onze** is used before plural neuter nouns and common gender nouns:

Dit zijn onze boeken. These are our books.
Dit is onze poes. This is our cat.
Dit zijn onze poezen. These are our cats.

PRONUNCIATION NOTE: **uw** is pronounced like the Dutch **u** followed by the sound **oe** as in **boek** (**EW**-oo).

5.2 EXPRESSING POSSESSION ('JOHN'S BOOK')

The equivalent of apostrophe + s (e.g. 'John's book') to convey possession can take a variety of forms in Dutch.

The most common method uses the preposition **van** (of):

Het boek van Jan John's book
Het kind van de buren The neighbours' child
De auto van mijn zus My sister's car

But **-s** may be added to proper names and to members of the family (without an apostrophe):

Jans boek John's book
Moeders boek Mother's book

You might also hear the more colloquial construction (which is not usually found in writing):

Jan z'n boek John's book
Mijn zus d'r auto My sister's car

If in doubt, use the **van** construction.

5.3 POSSESSIVE PRONOUNS ('MINE', ETC.)

There are two ways of expressing the English possessive pronouns 'mine', 'yours', etc. in Dutch.

The more common (and more informal) method uses **die/dat + van + ** object pronoun.

Die is used to refer to common gender nouns and plural neuter nouns:

Heb je een pen? Die van mij ligt thuis.
Do you have a pen? Mine's at home.

Dat is used to refer to neuter singular nouns:

Mijn huis is klein: dat van hem is erg groot.
My house is small: his is very large.

Die and **dat** are omitted when the noun is present:

Die pen is van mij. That pen is mine.

Note that the English 'of mine' etc. is translated by
van + object pronoun:

Vrienden van ons Friends of ours

The second, more formal method uses the appropriate definite article followed by a possessive pronoun, which has the ending **-e** (always pronounced as a weak vowel – see section 1.3).

De is used to refer to common gender nouns and plural neuter nouns:

Heb je een pen? De mijne ligt thuis.
Do you have a pen? Mine is at home.

Het is used to refer to neuter singular nouns:

Mijn huis is klein: het zijne is erg groot.
My house is small: his is very large.

This construction is not possible with the second-person plural possessive pronoun **jullie**.

5.4 USEFUL VERBS: **STAAN, LIGGEN, ZITTEN**

In Dutch, different verbs are used to indicate the position of an object rather than simply saying 'is'.

When an object is in an upright position, **staan** (to stand) is used. For example:

De auto staat voor het huis.
The car is in front of the house.
Het boek staat in de boekenkast.
The book is in the bookcase.

When an object is lying down, **liggen** (to lie) is used:

De krant ligt op tafel. The newspaper is on the table.
De pen ligt op de grond. The pen is on the floor.

When an object is inside something, **zitten** (to sit) is used:

De pen zit in de tas. The pen is in the bag.

It's important to keep in mind that there is not one translation of the English verb 'to be' in Dutch, but four possible translations: **zijn, staan, liggen,** or **zitten**.

VOCABULARY 1	
al	already
de broer / de zus	brother / sister
de dochter / de zoon	daughter / son
dragen	to carry
geloven	to believe, to think
haast hebben	to be in a hurry
de ingang	entrance
de kaart	ticket
klaar	ready
de koffer	suitcase
de krant	newspaper
het kwartier	quarter, quarter of an hour

het lo<u>ket</u>	ticket office, ticket window
de man /	man, husband /
de vrouw	woman, wife
nodig hebben	to need
over	over, above, in
het pakje	packet, package
het perron	platform
het re<u>tour</u>**tje**	return ticket
de siga<u>ret</u>	cigarette
het spoor	track
spoor vijf	platform five
de tas	bag
vaak	often
vergeten	to forget
vertrekken	to depart
volgens	according to
de vriend /	friend, boyfriend / girlfriend
de vriendin	
de wc	lavatory, restroom, etc.
zoeken	to look for
zwaar	heavy

Exercise 1

Translate the following sentences into English, and then substitute the formal independent possessive (**het mijne** etc.) for the construction with **van**:

1 Deze auto is van ons.

2 Deze boeken zijn van hen.

3 Dit stuk taart is van haar.

4 Die fietsen zijn van ons.

5 Dit kopje thee is van jou.

6 Deze krant is van mij.

7 Die paraplu is van u.

8 Dat geld is van hem.

Exercise 2

Translate the following sentences into English:

1 Kent u mijn man?
2 Zijn vrouw is erg aardig.
3 Uw krant ligt op tafel.
4 Heb jij je mobieltje bij je?
5 Haar schoenen liggen op de grond.
6 Onze koffers staan daar op het perron.
7 Ik vind hun tuin erg mooi.
8 Waar staat jullie auto?

Exercise 3

Translate the following sentences into English:

1 Ik ben met mijn moeders auto vanavond.
2 Haar broers vriendin komt uit Utrecht.
3 De poes van de buren speelt in onze tuin.
4 Hij heeft de fiets van zijn zus.
5 Zij hebben geld nodig.
6 Heeft u een pen nodig? Neemt u die van mij.
7 Dat boek van jou ligt op de stoel.
8 Ik zoek een tas. Waar is die van jullie?

Exercise 4

Translate the following sentences into Dutch:

1 Here are your (informal sing.) packages.
2 My suitcase is over there.
3 Do you (informal pl.) know their daughter?
4 Are those children hers?
5 Our house is much too big for us.
6 We have your (formal) train tickets. Who has ours?
7 His wife is very kind. Do you (inf. sing.) know her?

Drill 1

1 Stimulus–response drill

S Is dit boek van jou?
R Ja, het is mijn boek.

S Is deze pen van mij?
R Ja, het is jouw pen.

S Is deze paraplu van hen?
R Ja, het is hun paraplu.

S Zijn deze koffers van ons?
R Ja, het zijn jullie koffers.

S Is deze tas van haar?
R Ja, het is haar tas.

S Zijn deze kranten van hem?
R Ja, het zijn zijn kranten.

S Is dit pakje van ons?
R Ja, het is jullie pakje.

2 Stimulus–response drill

S Ik heb een pen nodig.
R Neem die van mij.

S Ik heb geld nodig.
R Neem dat van mij.

S Wij hebben een paraplu nodig.
R Neem die van mij.

S Wij hebben kaarten nodig.
R Neem die van mij.

S Ik heb een glas nodig.
R Neem dat van mij.

S Wij hebben twee koffers nodig.
R Neem die van mij.

S Ik heb een tas nodig.
R Neem die van mij.

Te laat!

[mevrouw Schoenmaker = mevr. S, meneer Schoenmaker = meneer S]

MEVR. S	Ik heb de treinkaartjes. Twee retourtjes naar Den Haag. Volgens de man achter het loket vertrekt de trein over een kwartier van spoor vijf.
MENEER S	Goed zo. Ik ga even naar de wc. Weet jij waar die is?
MEVR. S	Ja. Daar bij de ingang. Ik blijf hier bij de koffers.
MENEER S	Ik ben zo terug ….
MEVR. S	Klaar?
MENEER S	Ik koop eerst even een krant.
MEVR. S	Waarom lees je die van mij niet? Ik heb ook een boek bij me.
MENEER S	Ja, goed. Maar ik heb een pakje sigaretten nodig.
MEVR. S	Heb je nu alles? Gaan we naar het perron?
MENEER S	Is deze koffer van mij of van jou? Hij is erg zwaar.
MEVR. S	Die is van jou, geloof ik. Neem jij hem maar en schiet op! We hebben haast.
MENEER S	Vergeet je tas niet! O, wat is deze zwaar.
MEVR. S	Daar heb je spoor vijf en daar staat onze trein. Waarom haast je je niet?
MENEER S	Draag jij dan deze koffer. Ik stop even.
MEVR. S	Geef hem aan mij en neem de mijne.
MENEER S	Ik zie de trein niet. Hij is er toch nog niet.
MEVR. S	Hij is al weg!

Too late!

MRS S   I have the train tickets. Two returns to The Hague. According to the man behind the ticket window, the train leaves in a quarter of an hour from platform 5.

MR S   Right. I'm just going to the loo. Do you know where it is?

MRS S   Yes. Over there by the entrance. I'll stay here with the suitcases.

MR S   I won't be a minute …

MRS S   Ready?

MR S   I'm just going to buy a newspaper first.

MRS S   Why don't you read mine? I have a book with me too.

MR S   All right. But I need a packet of cigarettes …

MRS S   Do you have everything now? Shall we go to the platform?

MR S   Is this suitcase mine or yours? It's very heavy.

MRS S   It's yours, I think. You take it, and get a move on. We're in a hurry.

MR S   Don't forget your bag! Oh, this one's so heavy.

MRS S   There's platform 5, and there's our train. Why don't you hurry?

MR S   You carry this case, then. I'm stopping for a minute.

MRS S   Give it to me and take mine.

MR S   I can't see the train. It isn't there yet after all.

MRS S   It's gone!

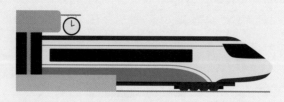

5.5 THE PRESENT PERFECT ('I HAVE TAKEN')

This tense is used to talk about an event that happened in the past. It is the most frequently used past tense in Dutch and can translate to either the present perfect or the simple past in English. For example: **Ik heb een foto gemaakt.** 'I have taken a photograph' or 'I took a photograph'.

Perfect tenses consist of an auxiliary verb – either **hebben** or **zijn** – and a past participle. For example:

Ik heb gemaakt. I have made.

In the present perfect, the auxiliary verb is conjugated in the present tense according to the subject of the sentence (see sections 1.8 and 1.10). If the subject is **hij**, for example, then **heeft** is required. However, the past participle is invariable.

For example:
Hij heeft gemaakt. He has made.

The auxiliary verb is always the second element in the sentence (see section 4.2) and the past participle comes last.

For example:
Wij hebben gisteren veel foto's gemaakt.
We took a lot of photos yesterday.

For more about auxiliary verbs, see section 6.2.

5

Dutch verbs are divided into three groups according to how they form the perfect tenses. The first group is described as 'weak', the second as 'strong', and the verbs in the third group are considered 'irregular', or a mixture of weak and strong.

The past participle of most weak verbs consists of:

ge + stem + **t**   as in **gemaakt** (made) *or*
ge + stem + **d**   as in **gewoond** (lived)

-t is added to stems ending in **p**, **t**, **k**, **s**, **f**, **ch**.

infinitive	stem	past participle
hopen (to hope)	**hoop**	**gehoopt** (hoped)
praten (to talk)	**praat**	**gepraat** (talked)
koken (to cook)	**kook**	**gekookt** (cooked)
missen (to miss)	**mis**	**gemist** (missed)
blaffen (to bark)	**blaf**	**geblaft** (barked)
kuchen (to cough)	**kuch**	**gekucht** (coughed)

Try to remember the mnemonic **'t kofschip** (a kind of sailing ship), as this word contains all the consonants followed by **-t** in the past participle.

SPELLING NOTE: Dutch never has a doubled consonant at the end of a word, so if the stem of a verb already ends in **-t**, the final **-t** is not added. Hence:

praten	**praat**	**gepraat**

All other weak verbs add **-d** to the stem. For example:

infinitive	stem	past participle
bouwen (to build)	**bouw**	**gebouwd** (built)
horen (to hear)	**hoor**	**gehoord** (heard)
bellen (to ring)	**bel**	**gebeld** (rung)
branden (to burn)	**brand**	**gebrand*** (burned)

*In this case, a second **-d** is not added.

PRONUNCIATION NOTE: Remember that both **d** and **t** are pronounced as a t at the end of a word, so the difference between past participles with a **d** or with a **t** is only in the spelling.

Weak verbs that have one of the following prefixes do not form their past participle with the prefix **ge-**: **be-**, **er-**, **ge-**, **her-**, **ont-**, **ver-**. These are called inseparable prefixes because they are never separated from the rest of the verb, and the verb is called an inseparable verb:

infinitive	stem	past participle
bedoelen (to mean)	**bedoel**	**bedoeld**
bepraten (to discuss)	**bepraat**	**bepraat**
geloven (to believe)	**geloof**	**geloofd**
verbranden (to burn)	**verbrand**	**verbrand**
verhuizen (to move house)	**verhuis**	**verhuisd**

Because of the absence of the prefix **ge-**, inseparable verbs with a stem already ending in **-t** or **-d** have a past participle that is identical in form to the stem. (Other past participles are usually indicated by the prefix **ge-**.)

SPELLING NOTE: Verbs such as **geloven** and **verhuizen** that have a **v** or a **z** in the infinitive and a stem ending in **-f** or **-s** respectively, add **-d** to the stem to form their past participle: **geloofd** (believed).

PRONUNCIATION NOTE: Whether the verb is weak or strong, it is the second syllable that takes the stress when one of these prefixes is added.

VOCABULARY 2

beginnen	to begin
binnenkort	soon
daarna	afterwards
de doos	box
het eind	end
gisteren	yesterday

hard	hard, fast, loud
heel/hele	whole (see section 7.1 on forms of adjectives)
de hond	dog
het hout	wood
het huiswerk	homework
iets	something, anything
de juf	primary school teacher (f.)
kloppen	to knock; to be right, correct
de les	lesson
oma / opa	grandma / grandpa
ontmoeten	to meet
over	about (after verbs like **praten**)
het park	park
de rekenles	maths lesson
de school	school
op school	at school
de stapel	pile
het sta<u>tion</u> [stah-'see'on]	station
op het station	at the station
uit<u>stek</u>end	excellent
vertellen	to say, to tell
vragen	to ask
werken	to work
zeggen	to say
zelf	myself, yourself, etc. (when the verb is not reflexive)

Exercise 5

Write the past participles of the following verbs:

maken, kloppen, bellen, vertellen, werken, koken, ontmoeten, beloven, verhuizen, branden

Exercise 6

Translate the following sentences into English:

1 Zij heeft gisteren een foto van het huis gemaakt.
2 Wij hebben over alles gepraat.
3 Mijn broer heeft vanavond gekookt.
4 Heeft u altijd in Utrecht gewoond?
5 Wat jammer! Je hebt de trein gemist.
6 De kinderen hebben een huisje in de tuin gebouwd.
7 Ik heb de stapel hout verbrand.
8 Opa heeft gisteren gebeld.
9 Hebben jullie alles aan je moeder verteld?
10 Zij hebben haar in het park ontmoet.
11 Gisteren heeft hij met zijn vrienden op straat gespeeld.
12 Daarna heeft hij thuis gestudeerd.

Exercise 7

Translate the following sentences into Dutch:

1 I worked hard yesterday.
2 You've (informal pl.) lived in Holland, haven't you?
3 She made that dress herself.
4 They took a photograph of our house.
5 Whom did she meet at the station?
6 I was amazed.
7 He told us about the party.
8 Have you (formal) heard anything about it?
9 We have always believed it.
10 I felt very tired yesterday.

Drill 2

1 Substitution drill

Ik heb het zelf gezegd.	**jullie**
Jullie hebben het zelf gezegd.	**zij** (singular)
Zij heeft het zelf gezegd.	**u**
U hebt het zelf gezegd.	**wij**
Wij hebben het zelf gezegd.	**jij**
Jij hebt het zelf gezegd.	**hij**
Hij heeft het zelf gezegd.	**zij** (plural)
Zij hebben het zelf gezegd.	

2 Stimulus–response drill

S Ik werk hard.
R Ik heb gisteren hard gewerkt.

S Ik maak een foto.
R Ik heb gisteren een foto gemaakt.

S Ik voel me ziek.
R Ik heb me gisteren ziek gevoeld.

S Ik speel met de hond.
R Ik heb gisteren met de hond gespeeld.

S Ik hoor het van haar.
R Ik heb het gisteren van haar gehoord.

S Ik ontmoet hem op straat.
R Ik heb hem gisteren op straat ontmoet.

S Ik studeer thuis.
R Ik heb gisteren thuis gestudeerd.

Opdracht

PIET   Juf! Ik vind de opdracht erg moeilijk. Hoe schrijf je een brief? Ik weet het niet.

LERARES   Je begint met 'Beste oma, hoe gaat het met u? Mij gaat het goed' en dan vertel je iets over jezelf. Heb je gisteren hard gewerkt?

PIET   Ja, en ik heb ook gespeeld.

LERARES   Goed, dan schrijf je 'Ik heb gisteren op school erg hard gewerkt en daarna heb ik met de jongens in het park gespeeld.' Klopt dat?

PIET   Ja, en wij hebben een jongen met een hond ontmoet en de hond heeft de hele tijd geblaft. We hebben een huisje van dozen gebouwd en we hebben erin gespeeld.

LERARES   Waarom schrijf je dat dan niet? Maar de rekenles begint over vijf minuten.

PIET   Juf! Wat zeg je aan het eind van een brief?

LERARES   Vraag het maar aan je moeder vanavond.

PIET   Dan schrijf ik zelf iets: 'U komt binnenkort op bezoek, zegt mam. Ik hoop het. Groetjes, Piet.' Zo! Juf! Ik ben klaar.

LERARES   Uitstekend, Piet! En schrijf nu voor je huiswerk een brief aan een oom.

5

Assignment

PETE   Teacher! I think the assignment's very difficult. How do you write a letter? I don't know.

TEACHER   You start with 'Dear Grandma, how are you? I am fine' and then you say something about yourself. Did you work hard yesterday?

PETE   Yes, and I played too.

TEACHER   Fine. Then you write 'I worked very hard yesterday at school, and afterwards I played with the boys in the park.' Is that right?

PETE   Yes, and we met a boy with a dog, and the dog barked the whole time. We built a house from boxes and played in it.

TEACHER   Why don't you write that then? But the maths lesson begins in five minutes.

PETE   Miss! What do you say at the end of a letter?

TEACHER   Ask your mother this evening.

PETE   Then I'll write something myself: 'You're coming to visit us soon, Mum says. I hope so. Love, Pete.' There! Miss! I've finished.

TEACHER   Excellent, Pete. And now write a letter to an uncle for your homework.

Week 6

At the end of this week, you can review what you've learned in the revision exercises. New topics covered:
- the past participle of strong verbs
- use of auxiliary verbs in forming the perfect tenses
- some irregular verbs

6.1 THE PAST PARTICIPLE OF STRONG VERBS

The past participle of strong verbs has the prefix **ge-** (except in the case of inseparable verbs – see section 5.6) and the ending **-en**. Note that the vowel sound of the stem often changes from that in the infinitive:

infinitive	past participle
blijven (to stay)	**gebleven** (stayed)
eten (to eat)	**gegeten** (eaten)
komen (to come)	**gekomen** (come)
lezen (to read)	**gelezen** (read)
liggen (to lie)	**gelegen** (lain)
schrijven (to write)	**geschreven** (written)
vertrekken (to leave)	**vertrokken** (left)

As can be seen in the list above, there is no one rule for forming the past participle of strong verbs. (The English past participles are pretty irregular too!) There is a list of commonly used strong verbs on pages 230–232. Try to learn these as you encounter them.

6.2 HEBBEN OR ZIJN AS AUXILIARIES FOR FORMING THE PERFECT TENSES

To form the perfect tenses, **hebben** (to have) is the auxiliary used with weak verbs. Some strong verbs also form the perfect tense with **hebben**. For example:

Ik heb gelezen. I have read.
Wij hebben gegeten. We have eaten.

So far this is similar to English. But there is a group of both strong and weak verbs that always form the perfect tense using **zijn** (to be) as the auxiliary verb.

strong
De trein is vertrokken. The train has departed.
Zij zijn gekomen. They have come.

weak
De trein is gestopt. The train has stopped.
Zij zijn ontsnapt. They have escaped.

Verbs that use **zijn** as the auxiliary denote a change of place, as in the examples above, or a change of state:

strong
Hij is gestorven. He has died.

weak
Zij is geslaagd. She has succeeded.

NOTE: The verb **blijven** (to stay, to remain) also always forms the perfect tenses with **zijn** even though it conveys the opposite of a change of place or state!

There is another group of both strong and weak verbs that sometimes use **hebben** and sometimes **zijn**. These verbs denote means of locomotion, such as **lopen** (to walk), **rijden** (to drive), and **fietsen** (to cycle).

When a destination is given, these verbs form their perfect tenses with **zijn**. (Remember that in Dutch, the present perfect can translate to the simple past.)

strong
Ik ben naar huis gelopen. I walked home.
Hij is naar de stad gereden. He drove into town.

weak
Wij zijn naar Amsterdam gefietst.
We cycled to Amsterdam.

6

(Note that the past participle of **rijden** is **gereden**.) When the emphasis is on the means of locomotion and no destination is given, **hebben** is used.

For example:
Ik heb vandaag veel gereden.
I have driven a lot today.
Hebben jullie gefietst of gelopen?
Did you cycle or walk?

6.3 IRREGULAR VERBS

This is the third group of Dutch verbs described in section 5.6. No rules can be given for the formation of the past participle, so you just have to learn them. Some common irregular verbs include:

infinitive	past participle
brengen (to bring)	**gebracht** (brought)
denken (to think)	**gedacht** (thought)
doen (to do)	**gedaan** (done)
gaan (to go)	**gegaan** (gone)
hebben (to have)	**gehad** (had)
kopen (to buy)	**gekocht** (bought)
nemen (to take)	**genomen** (taken)
slaan (to hit)	**geslagen** (hit)
staan (to stand)	**gestaan** (stood)
zien (to see)	**gezien** (seen)
zijn (to be)	**geweest** (been)
zoeken (to seek)	**gezocht** (sought)

NOTE: **zijn** always uses **zijn** as its auxiliary verb.
As **gaan** denotes a change of place, it also uses **zijn**.
All the others form the perfect tenses with **hebben**.

6

VOCABULARY

af en toe	now and again
de avond	evening
's avonds	in the evening
de bioscoop	cinema
duur	expensive
de film	film
het geval	case, instance
in ieder / elk geval	anyway, at any rate
interesseren	to interest
de kleren	clothes
(always plural)	
ik eet liever …	I prefer to eat … ('I eat rather')
ik eet graag …	I like to eat … ('I eat gladly')
lunchen	to have lunch
's middags	in the afternoon
het museum	museum, gallery
niks = niets	nothing
de ondertitel	subtitle
het paar	pair
het plezier	pleasure
plezier hebben	to enjoy oneself, to have fun
reizen	to travel
de stad in	into town
sterven	to die
het uitstapje	outing, trip
vallen	to fall (past part.: **gevallen**)
vanochtend	this morning
want	because, for
winkelen	to shop, to go shopping

Exercise 1

Read through the list of strong verbs again and then try to write the past participles of the following verbs from memory:

komen, hebben, liggen, gaan, zijn, lezen, eten, kopen, schrijven, denken, blijven, doen

Exercise 2

Translate the following sentences into English:

1 Bent u gisteren thuis gebleven?
2 De kinderen hebben hun huiswerk al gedaan.
3 De bibliothecaris heeft zelf een boek geschreven.
4 Waarom zijn jullie niet gekomen?
5 Ik heb erg veel boeken gelezen.
6 Heb je gisteren in dat restaurant gegeten?
7 Wij zijn vandaag naar de bioscoop gegaan.
8 Wij hebben allebei gelopen.
9 Je hebt het erg druk gehad, nietwaar?
10 Ze heeft die film al gezien.
11 De zoon van de buren is geslaagd voor zijn examen.
12 Mijn broer is vanochtend in de stad geweest.

Exercise 3

Translate the following sentences into Dutch:

1 Why did you (formal) come by bus?
2 They drove to the station.
3 I walked into town yesterday.
4 Have you (inf. pl.) already been in the museum?
5 What did she buy in town?
6 Who did you (informal sing.) see in the park?
7 We stayed at home today.
8 My sister bought a car this morning.
9 The cat has been lying in the sun.
10 Where did you (informal pl.) eat in the evening?

Drills

1 Substitution drill

U bent thuis gebleven.	**wij**
Wij zijn thuis gebleven.	**hij**
Hij is thuis gebleven.	**ik**
Ik ben thuis gebleven.	**jullie**
Jullie zijn thuis gebleven.	**zij** (singular)
Zij is thuis gebleven.	**jij**
Jij bent thuis gebleven.	**zij** (plural)
Zij zijn thuis gebleven.	

2 Stimulus–response drill

S Hij schrijft een brief.
R Ik heb ook een brief geschreven.

S Hij blijft thuis.
R Ik ben ook thuis gebleven.

S Hij ligt in bed.
R Ik heb ook in bed gelegen.

S Hij eet veel.
R Ik heb ook veel gegeten.

S Hij gaat naar de bioscoop.
R Ik ben ook naar de bioscoop gegaan.

S Hij koopt een boek.
R Ik heb ook een boek gekocht.

S Hij leest veel.
R Ik heb ook veel gelezen.

6

De spelbreker

MEVR. DE VRIES	Goedemorgen, meneer Bakker. Hoe gaat het met u?
MENEER BAKKER	Goed, dank u. Bent u gisteren naar Amsterdam gegaan?
MEVR. DE VRIES	Ja, we hebben de auto genomen, want mijn man reist niet zo graag met de trein.
MENEER BAKKER	Ik vind zo'n uitstapje af en toe leuk, maar de stad is niks voor mij.
MEVR. DE VRIES	Nou ja, er valt altijd zo veel te doen, daar. Ik heb gewinkeld en mijn man is naar een museum geweest. Daarna hebben we in een restaurant geluncht.
MENEER BAKKER	Niks voor mij, hoor. Ik eet liever thuis. Dan weet je tenminste wat je krijgt. Wat heeft u 's middags gedaan?
MEVR. DE VRIES	We hebben een film gezien – een film uit Engeland, denk ik, met ondertitels in het Nederlands.
MENEER BAKKER	Ik ga nooit naar de bioscoop. Het interesseert mij niet.
MEVR. DE VRIES	Nou ja, ik heb in ieder geval veel gekocht: kleren voor mezelf en een paar schoenen voor mijn man.
MENEER BAKKER	Dan heeft u zeker te veel betaald. Alles in de stad is duur, zeggen ze.
MEVR. DE VRIES	Nou ja, ik heb in elk geval veel plezier gehad, meneer Bakker. Dag!

6

The killjoy

MS DE VRIES	Good morning, Mr Bakker. How are you?
MR BAKKER	Fine, thanks. Did you go to Amsterdam yesterday?
MS DE VRIES	Yes, we took the car because my husband isn't that fond of travelling by train.
MR BAKKER	I like a little outing now and then, but the city's not for me.
MS DE VRIES	Well, there's always such a lot to do there. I went shopping, and my husband went to an art gallery. Afterwards we had lunch in a restaurant.
MR BAKKER	Not my cup of tea. I prefer to eat at home. At least you know what you're getting then. What did you do in the afternoon?
MS DE VRIES	We saw a film – a film from England, I think, with subtitles in Dutch.
MR BAKKER	I never go to the cinema. It doesn't interest me.
MS DE VRIES	Well, I bought a lot anyway – clothes for myself and a pair of shoes for my husband.
MR BAKKER	Then you must have paid too much. Everything is expensive in the city, they say.
MS DE VRIES	Well, I enjoyed myself anyway, Mr Bakker. Bye!

6

Revision exercises

Exercise 1

Answer the questions in the negative. For example:

Zie je die man?→ Nee, ik zie die man niet.

1 Komt ze vanavond?
2 Woont uw oom in Amsterdam?
3 Spelen de kinderen buiten?
4 Is meneer Smit thuis?
5 Heb je een fiets?
6 Zijn de jongens aardig?
7 Gaan we met de bus?
8 Zit Jan op het strand?
9 Heeft de buurvrouw een poes?
10 Heeft het kind koorts?

Exercise 2

Rearrange the sentences to start with the word in bold. For example:

Ze komt **vanavond** met de bus.→ Vanavond komt ze met de bus.

1 De studenten gaan **morgen** naar de stad.
2 Ik heb het ontzettend druk **vandaag**.
3 Ik neem een kopje thee met citroen **deze keer**.
4 Hij zit **de hele middag** in de bibliotheek.
5 De buren komen **vanavond** op bezoek.

Exercise 3

Replace the names with pronouns. For example:
Meneer en mevrouw Smit zitten op een terrasje.→
Zij/Ze zitten op een terrasje.

1 Ik zie mevrouw Smit altijd in de bus.
2 Ton praat met Anneke.
3 Ton en Anneke gaan vanavond naar een restaurant.
4 Lies gaat met Ton en Anneke naar het restaurant.
5 Vind je Ton aardig?

Exercise 4

Replace the nouns with a stressed pronoun or with **er**.
For example:

De kinderen eten hun eieren op.→ Zij eten ze op.
De kinderen houden van eieren.→ Zij houden ervan.

1 Hij geeft het cadeau aan zijn moeder.
2 De meisjes spelen met de poes.
3 De jongen speelt met de bal.
4 Geef de pen aan je broer.
5 De tuin ligt achter het huis.
6 Ik zie onze kinderen daar.
7 Hebben jullie alles aan de buren verteld?
8 Zit de krant in de tas?

Exercise 5

Write the past participles of the following verbs:

wonen, maken, horen, bellen, missen, geloven,
verhuizen, praten, blijven, eten, gaan, vertrekken,
schrijven, komen, liggen

Exercise 6

Fill in the gaps with either **hebben** or **zijn**. Change the
form of the verb if necessary. For example:

Ik ... piano gespeeld.→ Ik heb piano gespeeld.

1 ... jullie je goed geamuseerd?
2 Waar ... jij de hele dag geweest?
3 Ik ... in de stad gebleven.
4 Meneer en mevrouw Schoenmakers ... de
   trein gemist.
5 De trein ... al een kwartier geleden vertrokken.
6 We ... naar het strand gefietst.
7 ... u gefietst of gelopen?
8 Mijn tante ... gewinkeld en een nieuwe
   jurk gekocht.

Exercise 7

Fill in the gaps.

Gisteren … ik met mijn vriendin naar Amsterdam gegaan. We zijn … de trein gegaan … mijn vriendin heeft haar auto verkocht. … Amsterdam … we de tram genomen.

Ik heb gewinkeld en nieuwe schoenen ….
Mijn vriendin … winkelen saai, dus zij is … een tentoonstelling gegaan. Daarna hebben we … een restaurant …. Het was erg goed, maar … hebben wel veel betaald. We hebben genoeg … gehad voor … bioscoop. We … met de laatste … teruggegaan. We hebben … goed geamuseerd.

Exercise 8

Answer the questions in Dutch.

1 Verveel je je in de stad?
2 Reis je graag met de trein?
3 Houd je van appeltaart?
4 Heb je een auto?
5 Heb je het druk?
6 Hoe gaat het met je?
7 Wat heb je gisteren gedaan?
8 Wat heb je in het cafe gedronken?
9 Heb je aardige buren?
10 Schrijf je vaak brieven?

6

Week 7

- how adjectives add an **-e** ending in certain circumstances
- the comparative form of adjectives (e.g. 'larger,' 'smaller')
- ways of making comparisons
- the superlative of adjectives (e.g. 'largest', 'smallest')
- adverbs
- diminutives and when to use them

7.1 ADJECTIVES BEFORE NOUNS

Adjectives are words used to describe a noun. Here are a few that we've seen so far: **groot, leuk, mooi, duur, blauw, wit**. As in English, an adjective can be used after 'to be', as in:

Het huis is groot. The house is big.
Deze schoenen zijn duur. These shoes are expensive.
Mijn tuin is mooi. My garden is beautiful.

In Dutch, when an adjective is placed in front of the noun, the ending **-e** is added:

het grote huis the big house
deze dure schoenen these expensive shoes
mijn mooie tuin my beautiful garden

SPELLING NOTE: Remember to apply the spelling rules given in section 1.4, as the addition of the final **-e** adds another syllable to the adjective (e.g. **groot → grote** or **wit → witte**).

PRONUNCIATION NOTE: The final **-e** is pronounced like the unstressed **e** in **vader** (father) (i.e. 'uh').

BUT no **-e** is added to the adjective when it precedes a neuter singular noun without an article, as in:

het weer (the weather) → **mooi weer** (lovely weather)
het water (the water) → **warm water** (hot water)

Or a neuter singular noun preceded by **een, geen, veel**:

een aardig meisje a nice girl
geen groot huis not a large house
veel warm water a lot of hot water

Adjectives that end in **-en** never add **-e**.
Here are a few examples:

gebroken broken
gesloten closed
gouden gold, golden
houten wooden
open open
zilveren silver

so:
een houten stoel a wooden chair
de zilveren ring the silver ring

linker (left) and **rechter** (right) never add **-e**, but are almost always joined to the following noun:

de linkerhand the left hand
de rechterarm the right arm

Sometimes the noun following an adjective is omitted if it has been mentioned earlier. In English, 'one' is inserted in its place, e.g. 'the blue one'. In Dutch, there is no equivalent of 'one', but the adjective still adds **-e** (or not) according to the rules on the previous page:

Koop je een jurk? Ja, ik neem de blauwe.
Are you buying a dress? Yes, I'll take the blue one.
Neemt u een groot glas bier of een klein?
Are you having a large glass of beer or a small one?

7

The comparative form of the adjective is used when comparing two things. As in the English, the ending **-er** is added to the adjective.

Dat huis is groter dan dit.
That house is larger than this one.
Zijn tuin is mooier dan de mijne.
His garden is prettier than mine.

SPELLING NOTE: Remember to apply the spelling rules given in section 1.4, as this ending adds an extra syllable, so a double vowel changes to a single vowel (e.g. **groot** → **groter**) and a single consonant becomes double (e.g. **dik** → **dikker**).

The comparative **-er** is added to all adjectives in Dutch, regardless of the number of syllables. In this respect, Dutch differs from English, which uses the construction 'more' + adjective for longer words:

Die film is interessanter dan deze.
That film is more interesting than this one.

Adjectives ending in **-r** insert **d** before the comparative ending:

lekker (tasty)	**lekkerder** (tastier)
duur (expensive)	**duurder** (more expensive)
mager (thin)	**magerder** (thinner)
ver (far)	**verder** (farther)

Comparative adjectives inflect (i.e. add the ending **-e**) according to the same rules as ordinary adjectives when they consist of two syllables:

Wij hebben een grotere tuin nodig.
We need a bigger garden.

Zij hebben een kleiner huis gekocht.
They have bought a smaller house.

Note how in the example above, this adherence to the same rules means that **kleiner** does not inflect to add the **-e**, because it precedes a neuter singular noun with **een** (see section 7.1).

Comparative adjectives of three or more syllables do not add **-e**:

Ik heb een interessanter film gezien.
I have seen a more interesting film.

7.3 WAYS OF MAKING COMPARISONS

(1) Using a comparative adjective + **dan** (see section 7.2):

Dat huis is groter dan dit.
That house is bigger than this one.

(2) Using **even** + adjective + **als**. This is equivalent to the English 'as … as':

Zijn huis is even groot als het mijne.
His house is as big as mine.

(3) Using **net zo** + adjective + **als**. This construction is more emphatic than the previous one:

Mijn tuin is net zo mooi als de zijne.
My garden is just as lovely as his.

7

VOCABULARY 1

ander	other
de badkamer	bathroom
een beetje	a little, a bit
donker	dark
de douche	shower
(pronounced 'doosh')	
eerst	first
het erg vinden	to mind ('to find it grievous')
Ik vind het	I don't mind.
niet erg.	
het gordijn	curtain
herinneren aan	to remind of
ineens	suddenly
interessant	interesting
de kamer	room
de ketel	kettle
de keuken	kitchen
de kleur	colour
licht	light
het ligbad	bath
de mens	person
de muur	wall
nieuwsgierig	inquisitive, curious
prachtig	stunning, gorgeous
het raam	window
schilderen	to paint
de slaapkamer	bedroom
slecht	bad
trek hebben in	to feel like
Ik heb trek in	I feel like a cup of tea.
een kopje thee.	
het uitzicht	view
het vloerkleed	carpet
vooral	especially
de woonkamer	living room
het ziekenhuis	hospital
zoals	as

7

Exercise 1

Translate the following sentences into English:

1 Ik heb een grote woonkamer.
2 Zij hebben nieuwe gordijnen en een nieuw vloerkleed.
3 Het is mooi weer vandaag.
4 Mijn vader heeft een nieuwe auto nodig.
5 Heb je trek in een lekker glas bier?
6 Wat een prachtig uitzicht!
7 Wij houden niet van donkere kleuren.
8 Mijn zus vindt witte muren mooi.

Exercise 2

Translate the following sentences into English:

1 De slaapkamer is veel groter dan de keuken.
2 Ik vind dit vloerkleed mooier dan dat.
3 Mijn broer vindt koffie lekkerder dan thee.
4 Grotere huizen zijn ook duurder.
5 Ik heb een veel interessanter biografie gelezen.
6 Hun badkamer is even klein als onze keuken.
7 Vind je bier net zo lekker als wijn?
8 Onze poes is veel magerder dan die van jullie.

7

Exercise 3

Translate the following sentences into Dutch:

1 This room has large windows.
2 Do you (informal sing.) have a new carpet?
3 The wooden chair is in the bedroom.
4 Broken windows are dangerous.
5 It's bad weather today.
6 When did you (formal) buy those white shoes?
7 I think the darker colour is prettier.
8 The bathroom is as big as the kitchen.

Drill 1

1 Substitution drill

Substitute the word in bold with the word in the second column, making any necessary changes to the adjective or article:

Ik heb een dure **jurk** gekocht.	**auto**
Ik heb een dure **auto** gekocht.	**boek**
Ik heb een duur **boek** gekocht.	**schoenen**
Ik heb dure **schoenen** gekocht.	**vloerkleed**
Ik heb een duur **vloerkleed** gekocht.	**fiets**
Ik heb een dure **fiets** gekocht.	**gordijnen**
Ik heb dure **gordijnen** gekocht.	**kleren**
Ik heb dure **kleren** gekocht.	

2 Stimulus–response drill

S Wij hebben een grote slaapkamer.
R Die van mij is groter.

S Wij hebben een kleine keuken.
R Die van mij is kleiner.

S Wij hebben aardige buren.
R Die van mij zijn aardiger.

S Wij hebben een interessant boek.
R Dat van mij is interessanter.

S Wij hebben een zware tas.
R Die van mij is zwaarder.

S Wij hebben een mooi huis.
R Dat van mij is mooier.

S Wij hebben een duur cadeautje.
R Dat van mij is duurder.

Theepauze

GERDA Kom binnen, pa. Dit is mijn nieuwe huis.
Neem je eerst een lekker kopje thee?

VADER Welnee, ik ben veel te nieuwsgierig. Dit is
de woonkamer, neem ik aan. Wat een
prachtig uitzicht over de stad, zeg! Heb je
de muren zelf geschilderd?

GERDA Ja, en ik heb de gordijnen ook zelf gemaakt.

VADER Ik vind het een gezellige kamer, vooral met
dat grote raam en de lichte kleuren.

GERDA We gaan nu naar de slaapkamer.

VADER Tja, deze kamer is niet zo groot als de
andere, en donkerder ook.

GERDA Maar ik ben nog niet klaar met deze kamer,
zoals je ziet.

VADER Maak je de muren dan wit, denk je?

GERDA Witte muren herinneren me een beetje aan
een ziekenhuis. Ik vind een lichte kleur
veel mooier.

VADER Je hebt een vloerkleed nodig, zie ik. Ik heb
iets voor je thuis.

GERDA O pap! Wat aardig van je! En nu de
badkamer.

VADER Deze is nog kleiner dan de slaapkamer.
Maar ja, heel veel mensen hebben een
douche en geen ligbad.

GERDA Ik vind het niet erg. Hier heb je de keuken.
Wat zoek je?

VADER De ketel. Ik heb ineens trek in een
kopje thee.

7

Tea break

GERDA   Come in, dad. This is my new home. Will you have a nice cup of tea first?

FATHER   Oh no, I'm much too inquisitive. This is the living room, I suppose. What a splendid view of the town! Did you paint the walls yourself?

GERDA   Yes, and I made the curtains myself, too.

FATHER   I think it's a pleasant room, especially with that large window and the light colours.

GERDA   We'll go to the bedroom now.

FATHER   Hmm, this room isn't as big as the other, and it's darker, too.

GERDA   But I haven't finished this room yet, as you see.

FATHER   Will you do the walls white, do you think?

GERDA   White walls remind me a bit of a hospital. I think a light colour is much prettier.

FATHER   You need a carpet, I see. I've got something at home for you.

GERDA   Oh dad! How nice of you! And now the bathroom.

FATHER   This one is even smaller than the bedroom. Still, lots of people have a shower and no bath.

GERDA   I don't mind. Here's the kitchen. What are you looking for?

FATHER   The kettle. I suddenly feel like a cup of tea.

7.4 SUPERLATIVE OF ADJECTIVES ('LARGEST', 'SMALLEST')

The superlative adjective indicates the highest degree of the quality or characteristic denoted by the adjective (i.e. 'biggest', 'most expensive' etc). It has the ending **-st**.

groot   **grootst**
mooi   **mooist**
klein   **kleinst**
duur   **duurst**
ver   **verst**

SPELLING NOTE: **-st** does not add an extra syllable, so the spelling is unaffected.

Adjectives already ending in **-s** simply add **-t**;

fris (fresh)   **frist**
dwaas (silly)   **dwaast**

All superlatives add **-e** when used in front of the noun:

Dit is de mooiste tuin van de hele buurt.
This is the loveliest garden in the whole neighbourhood.
Ik koop altijd de duurste kleren.
I always buy the most expensive clothes.
Hij heeft het grootste huis.
He has the largest house.

All superlatives add **-e** when used independently with the definite article:

Piet is de oudste van de twee.
Pete is the older of the two.

Note from the above example that, unlike the English, in Dutch the superlative is used when two things are compared.

After a noun and verb, **het** + superlative is used:

Mijn broer werkt het hardst(e).
My brother works the hardest.
De duurste kleren zijn niet altijd het mooist(e).
The most expensive clothes are not always the prettiest.

Note that in spoken Dutch, the superlative in the cases above is pronounced with a final **-e**.

Below are three common adjectives that form the comparative and superlative irregularly:

goed (good)   **beter** (better)   **best** (best)
veel (much)   **meer** (more)   **meest** (most)
weinig (few)   **minder** (less)   **minst** (least)

7.5 ADVERBS

Adverbs supply information on how, when, where, or why an action took place. They are used to describe verbs, but some also describe adjectives (e.g. 'very'). In English, they are generally formed by adding the ending '-ly' to an adjective (e.g. 'slowly', 'quickly'), although some such as 'well' or 'fast' don't follow this pattern.

Here are some examples of Dutch adverbs that we've seen so far: **erg** (very), **al** (already), **altijd** (always), **nooit** (never), **hier** (here), **daar** (there).

In Dutch, the form of many adverbs is identical to that of the adjective. For example, **goed** can translate as 'good' or 'well', depending on the context:

een goed boek a good book
Hij schrijft goed. He writes well.

Similarly:
harde muziek loud music
Zij praat hard. She talks loudly.

Adverbs that also function as adjectives have a comparative and superlative form. The superlative is always preceded by **het**:

Hij schrijft goed, maar zij schrijft beter.
He writes well, but she writes better.
Deze auteur schrijft het best.
This author writes the best.

7.6 DIMINUTIVES

A diminutive is a word that has been modified to convey notions such as smallness, intimacy or affection. They are used very frequently in Dutch, as with **poesje** (kitty) or **cadeautje** (a small gift), which also connotes a sense of lack of importance ('a little something').

The following are examples of some other Dutch diminutives we've seen: **kopje** (little cup), **pakje** (packet), **stukje** (little piece), **terrasje** (small terrace).

In Dutch, the diminutive is formed by adding a suffix such as **-je** to the noun, which denotes 'small' or 'little' (or in some cases, 'nice' or 'cute', etc.).

For example:
het huisje the little house, the cottage

Some diminutives have become separate words in their own right:

het brood (bread) →
het broodje (bread roll)

de telefoon (telephone) →
het telefoontje (telephone call)

All diminutives are **het-** nouns.

The following are the main suffixes used to form the diminutive in Dutch:

(1) The basic diminutive ending **-je** is added to nouns ending in a voiceless consonant, as in:

brood (bread)   **broodje**
huis (house)   **huisje**
kop (cup)   **kopje**
poes (cat)   **poesje**
stuk (piece)   **stukje**

PRONUNCIATION NOTE: When the noun ends in **-t/-d**, the combination **t/d** + **j** is pronounced rather like 'ch' in English: e.g. **broodje** [broh-chuh]. When the noun ends in **-s**, the combination **s** + **j** is pronounced rather like 'sh' in English: e.g. **poesje** [poo-shuh].

(2) -tje is added to nouns ending in a vowel (so **a**, **o**, **u** are doubled):

koe (cow)   **koetje**
sla (salad)   **slaatje**

or in a diphthong (see section 1.3):

rij (row, queue)   **rijtje**
trui (jumper,   **truitje**
  sweater)

or when the noun ends in **-l**, **-n**, **-r** preceded by a long vowel, diphthong, or weak vowel (see (3) on next page):

paar (pair)   **paartje**
tafel (table)   **tafeltje**
trein (train)   **treintje**

PRONUNCIATION NOTE: See section 1.2 for the pronunciation of **t** + **j**.

7

(3) **-etje** is added to nouns ending in **-l**, **-m**, **-n**, **-r**, **-ng** preceded by a short vowel (see section 1.3). Thus:

bal (ball)   **balletje**
kam (comb)   **kammetje**
man (man)   **mannetje**
ster (star)   **sterretje**
ring (ring)   **ringetje**

SPELLING NOTE: The final consonant is always doubled with the addition of the suffix, except in the case of **-ng**.

(4) **-pje** is added to nouns ending in:

-m preceded by a long vowel, as in:

boom (tree)   **boompje**

-m preceded by a diphthong, as in:

rijm (rhyme)   **rijmpje**

-m preceded by a weak vowel, as in:

bodem (bottom)   **bodempje**

-m preceded by **l** or **r**, as in:

film (film)   **filmpje**
arm (arm)   **armpje**

(5) **-kje** is added to nouns ending in **-ing** when the second-to-last syllable is stressed. The **g** is dropped from the spelling:

woning (dwelling)   **woninkje**

VOCABULARY 2

de anderen	the others
de arts / de dokter	doctor (m. & f.)
de au<u>teur</u>	author (m. & f.)
de computer	computer
dagenlang	for days
di<u>rect</u>	direct
elk	each, every
de familie	family (all relatives)
het gezin	family (parents & children)
gezond	healthy
goed<u>koop</u>	cheap
de hoest	cough
hoesten	to cough
de kat	cat
het katje	kitten
klinken	to sound
lijken	to seem
de pil	pill
het re<u>cept</u>	prescription, recipe
rennen	to run
slikken	to swallow
tegenwoordig	nowadays
het toetje	dessert
vreemd	strange
vreselijk	terrible
de wachtkamer	waiting room
wakker	awake
wakker blijven	to stay awake
wakker houden	to keep awake
wekenlang	for weeks

7

Exercise 4

Give the diminutives of the following nouns.
For example: de tuin = het tuintje

1	de stoel	**5**	de kam	**9**	de woning
2	de dochter	**6**	de film	**10**	het huis
3	de brief	**7**	de dag	**11**	de bal
4	het terras	**8**	de tafel	**12**	de boom

Exercise 5

Translate the following sentences into English:

1 Dit is het kleinste katje.
2 Hun jongste kind heeft een nieuwe fiets.
3 Ik vind deze kamer het mooist.
4 Tegenwoordig hebben de meeste mensen
   een computer.
5 Mijn zoontje zingt het best.
6 Ik heb de duurste schoenen niet gekocht.
7 Heb je het briefje gelezen?
8 Deze auteur schrijft erg goed.
9 Hij houdt het meest van rode wijn.
10 Zij eten het toetje altijd het liefst.

Exercise 6

Translate the following sentences into Dutch:

1 This is the cheapest car.
2 Take the biggest piece.
3 We went to the best restaurant.
4 Your (informal pl.) little garden is very pretty.
5 She always drinks the most expensive wine.
6 This little dog runs the fastest.
7 Thank you (informal sing.) for the little present.
8 Did you (formal) get my note?

Drill 2

1 Stimulus–response drill

S Deze fiets is nieuw.
R Ja, het is onze nieuwste fiets.

S Deze auto is oud.
R Ja, het is onze oudste auto.

S Dit boek is interessant.
R Ja, het is ons interessantste boek.

S Deze wijn is lekker.
R Ja, het is onze lekkerste wijn.

S Dit vloerkleed is duur.
R Ja, het is ons duurste vloerkleed.

S Deze broodjes zijn vers.
R Ja, het zijn onze verste broodjes.

S Dit restaurant is goed.
R Ja, het is ons beste restaurant.

2 Stimulus–response drill

S Dat kost veel.
R Maar dit kost het meest.

S Die zingt goed.
R Maar deze zingt het best.

S Die zwemt snel.
R Maar deze zwemt het snelst.

S Die leest weinig.
R Maar deze leest het minst.

S Die fietst graag.
R Maar deze fietst het liefst.

S Die werkt hard.
R Maar deze werkt het hardst.

S Dat smaakt lekker.
R Maar dit smaakt het lekkerst.

Wie is de patiënt?

DOKTER	Hoe gaat het met u, meneer de Ruiter?
VADER	Het gaat best, dokter.
DOKTER	En met het kleintje? Hij is zeker de gezondste van de hele familie.
VADER	Nou, hij eet het minst en hij hoest 's nachts.
DOKTER	Hij is de jongste en hij eet minder dan de anderen. Dat lijkt mij niet zo heel vreemd. Eet hij een beetje van alles?
VADER	Hij eet zijn toetje het liefst.
DOKTER	Tja. Houdt die hoest hem de hele nacht wakker?
VADER	Niet direct, nee. Maar het klinkt zo vreselijk. Dat is het ergste.
DOKTER	Dus u slaapt niet zo goed, meneer.
VADER	Ik heb wekenlang niet geslapen, dokter.
DOKTER	Wel, om de hoest van uw zoon te verhelpen, geeft u hem een week lang elke avond een van deze pillen en u zult allebei beter slapen. Hier is het recept.
VADER	Dank u wel. Dag.
DOKTER	Dag meneer de Ruiter. Dag, jongetje.

7

Who's the patient?

DOCTOR	How are you, Mr de Ruiter?
FATHER	Fine, doctor.
DOCTOR	And the little one? I'm sure he's the healthiest of the whole family.
FATHER	Well, he eats the least, and he's coughing at night.
DOCTOR	He's the youngest and he eats less than the others. That doesn't seem all that strange to me. Does he eat a bit of everything?
FATHER	He likes his dessert best.
DOCTOR	Well, yes. Does that cough keep him awake all night?
FATHER	Not exactly, no. But it sounds so awful. That's the worst thing.
DOCTOR	So, you're not sleeping very well.
FATHER	I haven't slept for weeks, doctor.
DOCTOR	Well, to cure your son's cough, give him one of these pills every night for a week and you'll both sleep better. Here is the prescription.
FATHER	Thank you very much. Bye.
DOCTOR	Bye, Mr de Ruiter. Bye, little boy.

7

Week 8

- modal verbs: **kunnen** ('can', 'able to'), **moeten** ('must', 'have to'), **mogen** ('may', 'allowed to') and **willen** ('want')
- separable verbs
- stressed verbal prefixes
- adjectives used as nouns

8.1 MODAL VERBS: 'CAN', 'MUST', 'MAY', ETC.

Modal verbs are auxiliary verbs that are used with an infinitive to express ability, necessity, possibility, etc.

For example:
Ik moet gaan.
I must go.

In Dutch, there are four such verbs: **kunnen** (to be able to), **moeten** (to have to), **mogen** (to be allowed to), and **willen** (to want to). These verbs are irregular in the present tense, and their conjugations are as follows.

(1) kunnen to be able to, to be possible to (can):

ik kan (I can)	wij kunnen
jij kunt/kan	jullie kunnen
u kunt/kan	u kunt/kan
hij/zij kan	zij kunnen

The two second-person singular forms of the verb are both used frequently. When inverted, **jij kunt** becomes **kun jij**. The past participle is **gekund**.

(2) moeten to have to (must):

ik moet (I must)	wij moeten
jij moet	jullie moeten
u moet	u moet
hij/zij moet	zij moeten

The second-person singular form does not change when inverted. The past participle is **gemoeten**.

(3) mogen to be allowed to (may):

ik mag (I may)	**wij mogen**
jij mag	**jullie mogen**
u mag	**u mag**
hij/zij mag	**zij mogen**

The past participle is **gemogen**.

(4) willen to want (to):

ik wil (I want)	**wij willen**
jij wilt	**jullie willen**
u wilt	**u wilt**
hij/zij wil	**zij willen**

The second-person singular drops the **-t** when inversion occurs. The past participle is **gewild**.

8.2 USE OF MODAL VERBS

As well as being used with the infinitive of another verb, modal verbs in Dutch can be used on their own. Very often, a common verb, such as **doen**, is implied (usually this can't be omitted in English).

For example:
Hij kan het goed. He can do it well. (i.e. is good at it)
Ik moet wel. I have to do it.
Wij willen het wel. We want to (do it).

Kunnen, moeten and **mogen** also have an impersonal construction with **het/dat** + verb. For example:

Dat kan. That's possible. / That can be done.
Het moet. It must be done.
Dat mag. That's allowed.
(Often translates as 'You may.')

The past participle of modal verbs only occurs when the verb is used independently. For example:

Hij heeft het niet gekund.
He couldn't.
Ik heb het niet gemoeten.
I didn't have to.
Wij hebben het gemogen.
We were allowed to.
Zij heeft het niet gewild.
She didn't want to.

Gemoeten and **gemogen** are used infrequently.

When a modal verb is used as an auxiliary with another verb, the modal verb conjugates according to the subject, while the second verb is always an infinitive. Here are some examples with the modal verb in the present tense:

Zij kunnen morgen niet komen.
They can't come tomorrow.
Zij moet vanavond vroeg naar huis gaan.
She has to go home early this evening.
U mag hier niet roken.
You are not allowed to smoke here.
Ik wil met de auto gaan.
I want to go by car.

Note that the modal verb is always the SECOND element in the sentence, and the infinitive is always LAST.

To ask a question, simply invert the subject and the modal verb, leaving the infinitive in the final position:

Moet zij vanavond vroeg naar huis gaan?
Does she have to go home early this evening?

When a modal auxiliary used with another verb is in a perfect tense, the past participle is replaced by the infinitive. In this case, the perfect tense auxiliary verb

8

hebben is conjugated according to the subject and must be the second element in the sentence. For example:

Ik heb gisteren kunnen komen.
I was able to come yesterday.
Dat heeft zij altijd willen doen.
She has always wanted to do that.

Note that the two infinitives are placed at the end of the sentence, and of the two the modal infinitive always comes first.

To ask a question, invert the subject and the perfect tense auxiliary **hebben**, leaving the two infinitives in the final position. For example:

Heeft zij dat altijd willen doen?
Has she always wanted to do that?

8.3 ADJECTIVE + S

When the adjective is placed immediately after **iets** (something), **niet** (nothing), **veel** (many), **weinig** (few), **wat** (what), the ending **-s** is added.

Heb je iets moois gekocht?
Did you buy something pretty?
Niets nieuws.
Nothing new.

VOCABULARY 1

als het ware	as it were
het avondeten	evening meal
beginnen (is begonnen)	to begin (has begun)
beslist	definitely
bovendien	moreover, what's more
de coupé	compartment
het diner	dinner

enig	only, single
het ho<u>tel</u>	hotel
lukken (is gelukt)	to succeed (has succeeded)
het lukt mij	I succeed
de meneer / de dame	gentleman / lady
met z'n tweeën	the two of us/you/them
niemand	no one
niemand anders	no one else
onder de twee jaar	under two (years of age)
onredelijk	unreasonable
de receptio<u>nist</u> /	receptionist
receptio<u>niste</u>	
ser<u>v</u>eren	to serve
de sleutel	key
Het spijt mij/me.	I'm sorry. (**spijt** = regret)
de streek	region, district
de taxi	taxi
de tweepersoonskamer	double room
de eenpersoonskamer	single room
waar	true

Exercise 1

Translate the following sentences into English:

1 Ik wil hier eten.
2 Wij kunnen vanavond niet komen.
3 Zij moet met een taxi naar huis gaan.
4 U mag in deze coupé niet roken.
5 Wij willen een tweepersoonskamer met bad.
6 Mag ik aan deze tafel zitten?
7 Kun je dit even voor me doen?
8 Ze moeten het museum beslist bezoeken.
9 Het spijt me, maar het mag niet.
10 Willen jullie rode of witte wijn?

Exercise 2

Translate the following sentences into English:

1 Zij heeft vroeg moeten gaan.
2 Hebben jullie gisteren niet kunnen komen?
3 Wat heeft u willen kopen?
4 Ik heb hard moeten werken.
5 De kinderen hebben hier niet mogen spelen.
6 Wij hebben niets leuks kunnen vinden.
7 Het heeft niet gekund.
8 Dat hebben wij niet mogen doen.
9 Heb je een hotelkamer kunnen krijgen?
10 Ik heb iets vriendelijks willen zeggen, maar het is me niet gelukt.

Exercise 3

Translate the following sentences into Dutch:

1 He can't come today.
2 May I have the key?
3 We must buy a new computer.
4 This gentleman wants a double room.
5 Can you (formal) do it immediately?
6 Do you (informal pl.) have to go home now?
7 We wanted to buy something cheap.
8 They had to take a taxi.
9 Were you (informal sing.) allowed to eat?
10 I wasn't able to carry that heavy suitcase.

Drill 1

1 Substitution drill

Ik kan het niet doen.	**jullie**
Jullie kunnen het niet doen.	**hij**
Hij kan het niet doen.	**wij**
Wij kunnen het niet doen.	**jij**
Jij **kunt** het niet doen.	**moet**
Jij moet het niet doen.	**u**
U moet het niet doen.	**zij** (plural)
Zij moeten het niet doen.	**hij**
Hij **moet** het niet doen.	**mag**
Hij mag het niet doen.	**wij**
Wij mogen het niet doen.	

2 Stimulus–response drill

S Wat heb je gekocht?
R Ik heb niets kunnen vinden.

S Wat hebben ze gekocht?
R Ze hebben niets kunnen vinden.

S Wat heeft ze gekocht?
R Ze heeft niets kunnen vinden.

S Wat heeft u gekocht?
R Ik heb niets kunnen vinden.

S Wat hebben jullie gekocht?
R We hebben niets kunnen vinden.

S Wat heeft hij gekocht?
R Hij heeft niets kunnen vinden.

S Wat heeft die dame gekocht?
R Ze heeft niets kunnen vinden.

8

Snel geregeld

MENEER DE WAARD	**Goedenavond. Ik wil een eenpersoonskamer met bad.**
RECEPTIONIST	**Het spijt mij, meneer, maar wij hebben alleen maar een tweepersoonskamer met douche.**
MENEER DE WAARD	**Kan ik hier eten?**
RECEPTIONIST	**Ja, natuurlijk. Maar het diner is al begonnen. Het is vrij laat. U moet zich haasten – over een half uur serveren we niet meer.**
MENEER DE WAARD	**Mag ik mijn hondje op mijn kamer hebben? Hij zit buiten in de auto.**
RECEPTIONIST	**Het spijt mij, maar dat mag in dit hotel niet. Wij nemen geen honden en geen kinderen onder de twee jaar.**
MENEER DE WAARD	**Dan moet ik een ander hotel zoeken.**
RECEPTIONIST	**Wij zijn het enige hotel in deze streek. Weet u dat niet? En bovendien is het al laat.**
MENEER DE WAARD	**Dat is waar. Dus krijgt u nu zeker niemand anders voor die kamer.**
RECEPTIONIST	**Eh … ik denk het niet nee.**
MENEER DE WAARD	**Het is een tweepersoonskamer, zegt u? Dus moet ik voor twee personen betalen. Dan betaal ik voor mijn hond als het ware. Dat lijkt mij niet onredelijk.**
RECEPTIONIST	**Goed dan. Eet u vanavond alleen, of met z'n tweeën?**

8

Quickly settled

MR DE WAARD	Good evening. I want a single room with a bath.
RECEPTIONIST	I'm sorry, sir, but we only have a double room with a shower.
MR DE WAARD	Can I eat here?
RECEPTIONIST	Yes, of course. But dinner has already begun. It's quite late. You'll have to hurry. We stop serving in half an hour.
MR DE WAARD	May I have my little dog in my room? He's outside in the car.
RECEPTIONIST	I'm sorry, but that's not allowed in this hotel. We don't take dogs or children under two.
MR DE WAARD	Then I have to look for another hotel.
RECEPTIONIST	We are the only hotel in this district. Didn't you know? And besides, it's already late.
MR DE WAARD	That's true. So you won't be getting anyone else for that room now, will you?
RECEPTIONIST	Er ... I don't suppose so. No.
MR DE WAARD	It's a double room, you say? So I have to pay for two people. Then I'm paying for my dog as it were. That doesn't seem unreasonable to me.
RECEPTIONIST	All right then. Will you be dining alone, or is it the two of you?

8

8.4 SEPARABLE VERBS

In section 5.6, we introduced inseparable verbs such as **vertellen**, in which the prefix **ver-** is never separated from the rest of the verb. In contrast, as their name suggests, separable verbs have prefixes that can be separated from the verb.

In these verbs, the infinitive always forms one word, as in:

meegaan (to go along, to go with)
uitgaan (to go out)
weggaan (to go away)

(Note how the same verb – here, **gaan** 'to go' – can have different prefixes that add different nuances to the basic meaning.)

In the present tense, the prefix and the verb are separated. The verb remains in second position in the sentence, and the prefix is placed in the final position:

Hij gaat vandaag weg. He's going away today.

To ask a question, simply invert the subject and verb, leaving the prefix at the end of the sentence:

Ga je vanavond met ons mee?
Are you going along with us this evening?

The past participle inserts **-ge-** between the prefix and the verb:

meegegaan (gone along, gone with)
uitgegaan (gone out)
weggegaan (gone away)

Note that it is written as one word.

The present perfect is formed according to the rules given in section 5.5, with the auxiliary verb the second element in the sentence and the past participle last.

Ik heb hem gisteren opgebeld.
I rang him up yesterday.
Zij zijn vanochtend op het station aangekomen.
They arrived at the station this morning.

The rules given in section 6.2 for the use of **hebben** and **zijn** as perfect tense auxiliary verbs also apply to separable verbs.

8.5 SOME PREFIXES AND VERBS

Below is a list of stressed prefixes that are always separable:

separable

prefix	infinitive	past participle	
af-	afmaken	afgemaakt	(to finish)
in-	inbreken	ingebroken	(to break in)
mee-	meenemen	meegenomen	(to take along)
op-	opeten	opgegeten	(to eat up)
tegen-	tegenkomen	tegengekomen	(to meet, run into)
toe-	toenemen	toegenomen	(to increase)
uit-	uitsteken	uitgestoken	(to hold out one's hand)

The prefixes **aan-, door-, om-, onder-, over-, voor-** are separable when stressed and inseparable when unstressed. For example:

stressed and separable

aankomen	**aangekomen**	(to arrive)
ombrengen	**omgebracht**	(to kill)
voorstellen	**voorgesteld**	(to represent, propose, suggest)

unstressed and inseparable

aanvaarden	**aanvaard**	(to accept)
omarmen	**omarmd**	(to embrace)
voorkomen	**voorkomen**	(to prevent)

8

Remember that inseparable verbs form their past participle without **ge-**.

8.6 ADJECTIVES AS NOUNS

In Dutch there are two ways to turn an adjective into a noun:

(1) **de** + adjective + **e**, as in:

de blinde	the blind person
de rijke	the rich person

This construction is used only to refer to people. While in English a singular noun such as 'man', 'woman' or 'person' is required, in Dutch, the noun is used on its own.

To form a plural noun from an adjective in Dutch, **-en** is added. In this case, English is similar to the Dutch in that the noun referring to 'people' can often be omitted:

de blinden	the blind, blind people
de rijken	the rich, rich people

(2) **het** + adjective + **e**, as in:

het leuke	the nice thing
het goede	the good thing
het kwade	the evil thing

This construction is used to form an abstract noun:
het goede (good), **het kwade** (evil). There is no plural.

VOCABULARY 2

achterin	in/at the back
afhalen	to collect, to meet
de baan	job
dichtdoen (transitive)	to shut
dichtgaan (intransitive)	to shut

8

gastvrij	hospitable, welcoming
geleden	ago
tot vijf jaar geleden	until five years ago
de kennis	acquaintance (m. & f.)
het huwelijk	marriage
instappen	to get in
meerijden	to get a lift/ride
nergens	nowhere
opendoen (transitive)	to open
opengaan (intransitive)	to open
het portier	door (of a car)
de studie	study, studies
de studievriend /	college/university friend
studievriendin	
terugkomen	to come back, to return
zich terugtrekken	to withdraw, to retire
terugzien	to see again
de vakantie	holiday, vacation
het vliegtuig	aeroplane
het vliegveld	airport
het voorstel	proposal

Exercise 4

Translate the following sentences into English:

1 Zijn vriendin gaat vandaag weg.

2 Wanneer komt zij terug?

3 Ik moet morgen opbellen.

4 Gaan jullie met ons mee?

5 Het leuke is – wij zien elkaar binnenkort terug.

6 Neem de sleutel mee.

7 Mag ik met jullie meerijden?

8 Wij halen onze dochter van het station af.

9 Kunt u de deur even voor me dichtdoen?

10 Het vliegtuig komt over een half uur aan.

Exercise 5

Translate the following sentences into English:

1 Zij is vanochtend weggegaan.
2 Hebben de kinderen alles opgegeten?
3 Wanneer heeft u hem opgebeld?
4 Zij zijn gisteren van hun vakantie teruggekomen.
5 Hij heeft haar op het perron omarmd.
6 Mijn zus heeft me met de auto afgehaald.
7 Dit dure hotel is eigenlijk alleen voor de rijken.
8 De bibliotheek is al dichtgegaan.
9 Ik ben met mijn broer meegereden.
10 Hebben zij zijn voorstel aanvaard?

Exercise 6

Translate the following sentences into Dutch:

1 They are coming back today.
2 When are you (formal) going away?
3 Ring him up.
4 You (informal sing.) must eat everything up.
5 The library has special books for blind people.
6 Did they collect you (informal sing.) from the airport?
7 Open the door.
8 I never saw him again.
9 What did he suggest?
10 She wants to get a lift with us.
11 I've finished my studies.
12 Did you (informal sing.) take your brother along to the party?

Drill 2

1 Substitution drill

Ik ga met hem mee.	**jullie**
Jullie gaan met hem mee.	**zij** (singular)
Zij gaat met hem mee.	**wij**
Wij gaan met hem mee.	**jij**
Jij **gaat** met hem mee.	**rijdt**
Jij rijdt met hem mee.	**u**
U rijdt met hem mee.	**zij** (plural)
Zij rijden met hem mee.	**ik**
Ik rijd met hem mee.	**hij**
Hij rijdt met hem mee.	

2 Stimulus–response drill

S Bel je op?
R Ik heb al opgebeld.

S Neem je hem mee?
R Ik heb hem al meegenomen.

S Doe je de deur dicht?
R Ik heb de deur al dichtgedaan.

S Doe je het portier open?
R Ik heb het portier al opengedaan.

S Eet je het op?
R Ik heb het al opgegeten.

S Stel je iets voor?
R Ik heb al iets voorgesteld.

S Haal je haar af?
R Ik heb haar al afgehaald.

8

Een toevallige ontmoeting

FRANS Wil je misschien met me meerijden? Ik ga namelijk ook naar het vliegveld. Stap maar in.

TINEKE O wat aardig van je. Dankjewel. Ik heb net de bus gemist.

FRANS Zet je koffer maar achterin. Goed zo. Heb je het portier goed dichtgedaan?

TINEKE Ik denk het wel. Waar ga je naartoe? Ik ga naar Londen.

FRANS Nergens. Ik moet mijn vrouw afhalen. Die is net uit Engeland teruggekomen. Ze heeft kennissen in Londen.

TINEKE Ik ook. Ik heb Engels gestudeerd. Ik ben altijd met een studievriendin meegegaan naar Londen, het waren eigenlijk haar vrienden daar. Maar het leuke is, zij zijn ontzettend gastvrij, en ik zie ze nog steeds. Wat zijn die Engelsen gastvrij, zeg!

FRANS Waar heb je gestudeerd? Niet hier in Amsterdam?

TINEKE Jawel! Tot vijf jaar geleden.

FRANS Marijke – mijn vrouw – ook!

TINEKE Ben jij dan Frans?

FRANS Ja!

TINEKE Nee toch! Echt waar? Ik heb Marijke sinds jullie huwelijk niet teruggezien. Ze heeft zich een beetje teruggetrokken.

FRANS Nou, ze heeft het erg druk met haar baan.

TINEKE Tja, natuurlijk. Doe haar de groeten.

8

A chance encounter

FRANS   Do you want to get a lift with me, maybe? As it happens, I'm going to the airport too. Jump in.

TINEKE   Oh, how nice of you. Thank you. I've just missed the bus.

FRANS   Just put your suitcase in the back. That's it. Did you close the door properly?

TINEKE   I think so. Where are you going? I'm going to London.

FRANS   Nowhere. I have to pick up my wife. She's just come back from England. She has friends in London.

TINEKE   Me too. I studied English. I always went along with a university friend – they were really her friends. But the nice thing is, they're very friendly and I still see them. The English are so welcoming!

FRANS   Where did you study? Not here in Amsterdam?

TINEKE   Yes! Until five years ago.

FRANS   Marijke – my wife – too!

TINEKE   You're not Frans, are you?

FRANS   Yes!

TINEKE   No way! Are you really? I haven't seen Marijke since you got married. She seems to have shut herself away a bit.

FRANS   Well, she's very busy with her job.

TINEKE   Yes, sure. Give her my best.

8

Week 9

At the end of this week, you'll review what you've learned so far in the revision exercises. You'll also learn about:
- the future tense and the use of the present for the future
- infinitive constructions

9.1 TALKING ABOUT THE FUTURE

The future tense in Dutch consists of the auxiliary verb **zullen** (conjugated in the present tense according to the subject) and an infinitive. For example:

Zij zullen komen. They will come.

The present tense of **zullen** is irregular:

ik zal (I will)	**wij zullen**
jij zult/zal	**jullie zullen**
u zult/zal	**u zult/zal**
hij/zij zal	**zij zullen**

When inversion occurs, **jij zult** becomes **zul jij**.

The auxiliary **zullen** is the second element in the sentence, and the infinitive is always in the final position:

Ik zal het vandaag doen.
I will do it today.
Je zult dat boek nergens krijgen.
You won't get that book anywhere.

Note that Dutch has one future auxiliary, whereas English has two ('shall' and 'will').

As in English, the future can also be expressed in Dutch using **gaan** instead of **zullen**:

Wij gaan morgen een nieuwe auto kopen.
We are going to buy a new car tomorrow.
Gaat u in Amsterdam wonen?
Are you going to live in Amsterdam?

The present tense can also be used to talk about the future. This use is much more frequent in Dutch than in English; in fact, it's more common than the future tense:

Ik ben morgen thuis.
I'll be ('I am') at home tomorrow.

The future tense is not used in Dutch unless some extra meaning needs to be conveyed. Its use often implies an intention or a promise:

Ik zal morgen thuis zijn.
I will be at home tomorrow.

9.2 VERBS: INFINITIVE CONSTRUCTIONS

Many verbs in Dutch can also be used with another verb (in the infinitive form) to add extra meaning. These verbs function as an auxiliary verb, conjugating to agree with the subject and in the second position in the sentence. The infinitive is always at the end of the sentence and may or may not be preceded by **te**.

Hij probeert te werken.
He is trying to work.

(1) The verbs listed below are used as auxiliaries in conjunction with an infinitive without **te**:

blijven	to stay, to remain
doen	to do, to make
gaan	to go
helpen	to help
horen	to hear
komen	to come
laten	to let, to have (something done)
leren	to teach, to learn
vinden	to find
voelen	to feel
zien	to see

9

For example:
Hij blijft staan. He is standing still.
Het doet me lachen. It makes me laugh.

Like modals, these verbs form the perfect tenses with an infinitive instead of a past participle (see section 8.2). Note the word order in the following examples:

Ik heb mijn schoenen laten repareren.
I have had my shoes repaired. ('to let to repair')
Zij is komen helpen.
She came to help.

(2) Below is a list of the most common verbs that require the insertion of **te** when used with another verb:

beginnen	to begin
durven	to dare
hoeven	to require, used as the negative of **moeten**, for example: **Dat hoef je niet te doen.** You don't have to do that.
hopen	to hope
liggen	to lie, when used with another verb, this often translates the English verb 'to be', for example: **Zij ligt te slapen.** She is sleeping.
proberen	to try
staan	to stand, often translates 'to be', e.g.: **Zij staan in de keuken te praten.** They are talking in the kitchen.
vergeten	to forget
weten	to know, sometimes translates 'to manage to'
zitten	to sit, often translates 'to be'

The regular way in which these verbs form the perfect tenses is **hebben/zijn** + past participle + **te** + infinitive.

For example:

Ik ben vergeten te schrijven.
I forgot to write.
Hij heeft geprobeerd me op te bellen.
He tried to ring me.

You can see in the second example that with separable verbs, the **te** is inserted between the prefix and the root, as in **op te bellen**. This is always written as three words.

NOTE: When used in the perfect tenses, **durven, hoeven, liggen, staan** and **zitten** are partial exceptions to these rules. They form the perfect tenses in the same way as modals: the past participle is replaced by the infinitive, and **te** is omitted, for example:

Wij hebben naar de radio zitten luisteren.
We were (sitting) listening to the radio.

VOCABULARY

als de bliksem	like lightning, like a shot
de boottocht	boat trip
een boottocht maken	to go on a boat trip
de broek	trousers (sing. in Dutch)
de bruiloft	wedding
de cent	cent
de das	necktie
deftig	sophisticated, posh, classy
dom	stupid
er	there
eruitzien	to look, to appear
de handtas	handbag
het hemd	shirt
de hoed	hat
de hoek	corner
Hoezo?	How's that? What do you mean?
de jas	coat

9

het jasje	jacket
kijken (gekeken)	to look (looked)
leren	leather (adj.)
net	tidy, neat
overhebben	to have left over, spare
(overgehad)	(left over)
overhouden	to keep in reserve
(overgehouden)	(saved)
overreden	to persuade
(overreed)	(persuaded)
het pak	suit
speciaal	special
geen sprake van	out of the question
stomen	to dry clean
(gestoomd)	(dry cleaned)
de televisie (tv)	television
verbaasd	amazed, in amazement
het weekend	weekend
zomerkleren	summer clothes

Exercise 1

Translate the following sentences into English:

1 Ik zal hem morgen opbellen.
2 Hij gaat een nieuwe broek kopen.
3 Zullen wij naar de bruiloft gaan?
4 Wat gaat u nu doen?
5 De kinderen zullen wat zomerkleren nodig hebben.
6 Ze zal geen cent overhebben.
7 Waarom gaan ze geen boottocht maken?
8 De grachten zullen er mooi uitzien.
9 Gaan we naar de tv kijken?
10 Zij zal het nooit weten.

9

Exercise 2

Translate the following sentences into English:

1 Zij zit te lezen.
2 Ik durf niet te kijken.
3 Zijn jullie vergeten te komen?
4 Ze hebben de hele avond zitten praten.
5 Hoor je haar roepen?
6 Hij hoeft geen nieuwe kleren te kopen.
7 Ik ben begonnen te lezen, maar het boek interesseert me niet.
8 Ziet u hem in de hoek zitten?
9 Wij zijn meteen gaan helpen.
10 Ik heb mijn oude jas laten stomen.

Exercise 3

Translate the following sentences into Dutch:

1 What are we going to do?
2 I will buy a new hat.
3 They will never forget her.
4 The little tree is beginning to grow.
5 He tried to find a necktie.
6 Are the children watching television?
7 I am teaching him to swim.
8 Did you (formal) have your jacket dry cleaned?
9 You (informal sing.) stood watching in amazement.
10 We heard the neighbour (m.) singing in the bath.

9

Drills

1 Substitution drill

Ik zal het morgen proberen.	**jullie**
Jullie zullen het morgen proberen.	**u**
U zult het morgen proberen.	**zij** (singular)
Zij zal het morgen proberen.	**wij**
Wij zullen het morgen proberen.	**jij**
Jij zult het morgen proberen.	**zij** (plural)
Zij zullen het morgen proberen.	**hij**
Hij zal het morgen proberen.	

2 Stimulus–response drill

S Zij zitten te praten.
R Wij hebben ook zitten praten.

S Zij staan te kijken.
R Wij hebben ook staan kijken.

S Zij liggen te slapen.
R Wij hebben ook liggen slapen.

S Zij vergeten op te bellen.
R Wij zijn ook vergeten op te bellen.

S Zij leren fietsen.
R Wij hebben ook leren fietsen.

S Zij komen kijken.
R Wij zijn ook komen kijken.

S Zij blijven staan.
R Wij zijn ook blijven staan.

9

Wie is het knapste?

KEES Wij gaan in het weekend naar een bruiloft.
Het zijn deftige mensen en we zullen zeker
nieuwe kleren nodig hebben.

FRED Je hebt in jaren geen pak gedragen.
Ga je iets speciaals kopen?

KEES Ja, het moet. Ik heb een nette broek en een
vrij nieuw jasje, maar die zijn niet goed
genoeg volgens Gerda.

FRED Waar is zij, trouwens?

KEES O zij zit naar de tv te kijken. Ze is gisteren
al een dure jas gaan kopen.

FRED Ze zal beslist een leren handtas moeten
kopen – en schoenen ook. En een hoed,
en nog meer.

KEES Dat wordt teveel. Daarvoor hebben we
geen geld.

FRED Precies!

KEES Hoezo?

FRED Je hoeft Gerda niet eens te overreden.
Je zegt iets van 'Je gaat die schoenen toch
niet dragen, hoop ik' en ze is als de bliksem
weg. Ze vergeet geld voor jou over te
houden en er zal geen sprake meer van
dat pak zijn.

KEES Ik zal met een nieuw hemd en een
goedkope das tevreden zijn. Wat ben
jij slim, zeg – maar ik durf het niet te
proberen … Vind jij Gerda soms zo dom?

9

Who'll be the smartest?

KEES   We're going to a wedding at the weekend.
They're classy people, and we'll definitely need
new clothes.

FRED   You haven't worn a suit in years. Are you
going to buy something special?

KEES   Yes, I have to. I have a smart pair of trousers and
a fairly new jacket, but they aren't good enough
according to Gerda.

FRED   Where is she, by the way?

KEES   Oh, she's watching TV. She already went and
bought an expensive coat yesterday.

FRED   She will definitely have to buy a leather
handbag – and shoes too. And a hat, and
more besides.

KEES   That would be (lit. 'becomes') too much. We
don't have the money for that.

FRED   Exactly!

KEES   What do you mean?

FRED   You won't even have to persuade Gerda. You
say something like 'You're not going to wear
those shoes, I hope?' and she'll be off like
a shot. She'll forget to save any money
for you, and then that suit will be
out of the question.

KEES   I'll be satisfied with a new shirt
and a cheap tie. You're a clever
one, but I daren't try it …
Do you think Gerda's
that stupid?

9

Revision exercises

Exercise 1

Fill in the gaps with an adjective from the list. Use each adjective only once, and add an **-e** where necessary.

groot, wit, aardig, interessant, duur, klein, moeilijk, lekker

1 Gelukkig zijn onze buren erg …
2 Ik vond het een erg … boek.
3 … kinderen kunnen niet op straat spelen.
4 Mijn moeder houdt niet van kleuren. Ze heeft de muren … geschilderd.
5 Ik heb geen geld meer. Ik heb hele … schoenen gekocht.
6 Het is een lichte kamer met … ramen.
7 Mijn vriendin houdt van … eten en goede wijn.
8 Mijn broer vond het een … les. Hij heeft niet veel geleerd.

Exercise 2

Fill in the correct form of the verb between brackets.

1 Jullie (moeten) hard werken.
2 Wij (kunnen) het verhaal niet geloven.
3 Jij (mogen) nu naar huis gaan.
4 Hij (willen) een nieuwe auto kopen.
5 Ik (kunnen) vrijdag niet komen.
6 Piet en Maarten (willen) naar het strand gaan.
7 Anneke (moeten) vanavond naar de dokter gaan.
8 Hij (mogen) het niet doen.
9 Ik (willen) een tweepersoonskamer reserveren.
10 (Kunnen) u misschien op zaterdag komen?

9

Exercise 3

Put the verb or verbs in the correct place in the sentence and change the form if necessary.

For example:

Tante Lies morgen aankomen.→ Tante Lies komt morgen aan.

1 Ik haar vaak opbellen.
2 De kinderen de hele taart hebben opeten.
3 Tineke met ons meegaan.
4 Mijn broer gisteren al zijn weggaan.
5 We hem op straat zijn tegenkomen.
6 Je de deur willen dichtdoen?
7 Je het raam voor mij kunnen opendoen?
8 Ik je van het station komen afhalen.
9 Ik met jullie mogen meerijden?
10 We vanavond uitgaan.

Exercise 4

Put the verb in the future tense.

For example:

We komen wel.→ We zullen wel komen.

1 Ik ga beslist mee.
2 We halen je van het vliegveld af.
3 Hij doet het vandaag.
4 Welke auto koopt zij?
5 Ik ben morgen de hele dag thuis.
6 Aanvaardt u het voorstel?
7 Je gaat niet weg, hoop ik?
8 Ze bedoelen het goed.

9

Exercise 5

Supply the missing verb from the following list.
You will need to use some verbs more than once.

willen, moeten, kunnen, blijven

'Ik ga zaterdag naar een feest. … je met me meegaan?'

'Dan … ik een nieuwe broek kopen, vind ik.

Die oude ziet er verschrikkelijk uit.'

'Je … geen nieuwe broek kopen, want je hebt geen geld. En ik? … ik niet naar de kapper? Anders … ik niet met jou mee.'

'Dan … we beter niet gaan, denk ik.'

'Nou, dan … we maar thuis!'

Exercise 6

Put the sentences into the present perfect.

For example:

Ik moet lachen.→ Ik heb moeten lachen.

1 Ik wil een taxi nemen.
2 Je moet veel lezen.
3 We willen vroeg eten.
4 Ze kunnen vandaag niet komen.
5 Ik moet hard studeren.
6 Ze staan te wachten.
7 Ze zit te lachen.
8 De poes ligt de hele dag te slapen.
9 Zitten jullie niets te doen?
10 We zitten naar de radio te luisteren.
11 Ik leer haar zwemmen.
12 Hij blijft op het perron staan.
13 We komen je in de tuin helpen.
14 Ze gaat een nieuwe fiets kopen.
15 Laat je je schoenen repareren?

9

Week 10

- coordinating and subordinating conjunctions
- word order in subordinate clauses
- the construction **zijn** + **aan** + **het** + infinitive
- simple past tense of both weak and strong verbs
- simple past tense of **hebben** and **zijn**
- uses of the past tense

10.1 COORDINATING CONJUNCTIONS

Conjunctions are words that join two clauses together. One of the most frequent is 'and' (**en**).

De hond slaapt en de kat speelt.
The dog is sleeping and the cat is playing.

A coordinating conjunction joins two clauses of equal importance. In Dutch, the word order is the same in both clauses. Besides **en**, some other frequent coordinating conjunctions are:

dus	so, thus
maar	but
of	or
want	for, because

Ga je mee of blijf je thuis?
Are you coming along or are you staying at home?
Ik zie haar nooit want ze woont zo ver weg.
I never see her because she lives so far away.

10 10.2 SUBORDINATING CONJUNCTIONS

Subordinating conjunctions introduce subordinate clauses (see section 10.3). One very frequent one is:

dat	that

In English, 'that' is often left out although it's implied: for example, 'He says (that) he's coming tomorrow.'

But note that **dat** must be included in Dutch:

Hij zegt dat hij morgen komt.
He says (that) he's coming tomorrow.

Here are some other subordinating conjunctions:

nadat	after
omdat	because (used to answer the question 'Why?': **want** cannot be used this way)
totdat	until
voordat	before
hoewel	although
nu	now that
of	whether (note the difference in meaning between **of** ('or') as a coordinating conjunction and **of** ('whether') as a subordinating conjunction)
terwijl	while
zoals	as
als	if, when
wanneer	whenever, when
toen	when

Note that these last three conjunctions can all translate to 'when'. Here are some tips about which one to use in which context.

als/wanneer are both used to translate 'when' to refer to something that has yet to happen.

For example:
Als/wanneer hij komt …
When he comes …

als/wanneer are also both used to translate 'when' if something happens repeatedly:

Als/wanneer de zon schijnt, voel ik me gelukkig.
When (whenever) the sun shines, I feel happy.

10

toen is only used to refer to an occasion in the past. It is found only with the simple past tense and past perfect tense in Dutch (see sections 10.5–10.6 and 11.1):

Toen ik in Amsterdam woonde ...
When I lived in Amsterdam ...

10.3 WORD ORDER IN SUBORDINATE CLAUSES

An important difference between Dutch and English is the word order in subordinate clauses. By definition, a subordinate clause is always dependent on another clause – the main clause. The two are joined by a subordinating conjunction, e.g. **dat**:

Mijn broer zegt dat hij een nieuwe auto heeft.
My brother says (that) he has a new car.

You should now be getting familiar with the word order of the main clause (see section 4.2), but in a subordinate clause, the conjugated verb moves to the final position.

If the verb has a separable prefix that would normally stand at the end of the clause, e.g. **hij gaat weg** (he goes away), the two are reunited in the subordinate clause and written as one word: **... dat hij weggaat**

In the perfect tenses, the auxiliary may either precede the past participle or follow it at the end of a subclause:

Mijn broer zegt dat hij een nieuwe auto heeft gekocht/gekocht heeft.
My brother says that he has bought a new car.

In infinitive constructions (future tense, modal + infinitive, verb + infinitive: see section 9.2) the order of elements at the end of the subordinate clause is either auxiliary + infinitive (this is the most widely used option in Holland) or infinitive + auxiliary. Some examples follow.

10

**Mijn broer zegt dat hij een nieuwe auto zal kopen/
kopen zal.**
**Mijn broer zegt dat hij een nieuwe auto moet
kopen/kopen moet.**
**Mijn broer zegt dat hij een nieuwe auto gaat
kopen/kopen gaat.**

With an infinitive construction in the perfect tense, there
are three verbs at the end of the subordinate clause. The
order is **hebben/zijn** (conjugated) + auxiliary (infinitive) +
main verb (infinitive):

**Mijn broer zegt dat hij een nieuwe auto heeft
moeten kopen.**
Mijn broer zegt dat hij een nieuwe auto is gaan kopen.

If the sentence structure is subclause + main clause,
then the entire subclause is the first element in the
sentence. It must then be followed by the main verb,
which is always the second element in the sentence:

Wanneer de zon schijnt voel ik me gelukkig.

10.4 ZIJN + AAN + HET + INFINITIVE

This construction is often used to convey that an action is
in progress. It is the equivalent of the present continuous,
e.g. 'we are doing', 'he is singing', etc.

For example:
Zij zijn aan het spelen. They are playing.
Ik ben een boek aan het zoeken. I am looking for a book.

However, it is not used with verbs of motion and position:

Wij gaan naar huis. We are going home.
De spiegel hangt aan de muur.
The mirror is hanging on the wall.

10

ac<u>te</u>ren (geacteerd)	to act (acted)
de ac<u>teur</u> / de ac<u>trice</u>	actor / actress
bekend	famous, well known, familiar
Het komt mij bekend voor.	It seems familiar to me.
de choco<u>la</u>(de)	chocolate
commercieel	commercial
dichtbij	close to
druk	busy, crowded
gelijk hebben	to be right
het gezicht	face
grappig	funny, amusing
Hoe kan dat nou!	How can that be?, How is it possible?
ieder<u>een</u>	everyone
zich inleven (ingeleefd) in	to identify/empathize with (empathized)
missen	to lack, to miss
de pauze	interval, intermission
het pu<u>bliek</u>	audience
<u>re</u>genen (geregend)	rain (rained)
in de rij staan	to queue up, to stand in line
de re<u>cla</u>me	advert, advertising
spon<u>taan</u>	spontaneous
het the<u>a</u>ter	theatre
de theatergroep	theatre group
het to<u>neel</u>	stage
het toneelstuk	play
uitgeven (uitgegeven)	to spend (spent)
verdienen (verdiend)	to earn (earned)
<u>voor</u>komen (voorgekomen)	to appear, to seem, to occur (appeared, seemed, occurred)
voor<u>ko</u>men	to prevent (note difference in stress with verb above)

10

Exercise 1

Translate the following sentences into English:

1 Zij verdienen veel en zij geven veel uit.
2 Ik houd van het theater, maar ik ga ook naar de bioscoop.
3 Blijf je thuis of ga je uit?
4 Het regent, dus wij gaan met de auto.
5 Weet u of het waar is?
6 Ik denk dat hij gelijk heeft.
7 Ze is haar haar aan het wassen.
8 Als het kan, willen wij vanavond naar het theater gaan.
9 Ze zegt dat ze aan het eten zijn.
10 Wanneer het mooi weer is, gaan de kinderen in het park spelen.
11 Zijn gezicht komt mij bekend voor, want ik heb hem op de tv gezien.
12 Hij zegt dat hij veel gelachen heeft omdat het stuk zo grappig is.

Exercise 2

Translate the following sentences into Dutch:

1 He watches television and she listens to the radio.
2 We are washing the car.
3 He acts well, but he isn't famous.
4 I think that you (formal) are right.
5 She wants to know whether you're (inf. sing.) working.
6 Are you (informal pl.) going to a restaurant before you go to the theatre?
7 If it's nice weather I will go to the beach.
8 When it rains I stay at home.
9 Are you (informal sing.) learning French or do you speak it already?
10 We aren't going because we've already seen the play.

10

Drill 1

1 Stimulus–response drill

S Spelen de kinderen?
R Ja, ze zijn aan het spelen.

S Eten jullie?
R Ja, we zijn aan het eten.

S Leest ze?
R Ja, ze is aan het lezen.

S Schrijf je?
R Ja, ik ben aan het schrijven.

S Koopt hij een boek?
R Ja, hij is een boek aan het kopen.

S Wassen ze de auto?
R Ja, ze zijn de auto aan het wassen.

S Werkt ze?
R Ja, ze is aan het werken.

2 Stimulus–response drill

S Waarom fiets je?
R Omdat ik graag fiets.

S Waarom doe je dat?
R Omdat ik dat graag doe.

S Waarom werk je?
R Omdat ik graag werk.

S Waarom acteer je?
R Omdat ik graag acteer.

S Waarom studeer je?
R Omdat ik graag studeer.

S Waarom kook je?
R Omdat ik graag kook.

S Waarom bel je op?
R Omdat ik graag opbel.

10

Pauze

HENK Het verbaast me dat we kaarten voor
vanavond hebben kunnen krijgen.
Het is zo ontzettend druk.

ROOS Hoe lang is de pauze? Denk je dat we tijd
hebben voor een kopje koffie?

HENK Jazeker. Zullen we in de rij gaan staan?

ROOS Hoe vind je het toneelstuk?
Goed geacteerd, hè?

HENK Ik vind dat het stuk zelf iets mist, hoewel
het best grappig is. Maar zoals je zegt,
kunnen die mensen goed acteren.

ROOS Ze zijn in ieder geval enthousiast en
spontaan. Dat is het leuke van deze kleine
theaters – dat het publiek dichtbij het
toneel zit en zich gemakkelijk in het stuk
kan inleven.

HENK Weet jij of die jonge acteur bekend is?
Ik ken zijn gezicht.

ROOS Nu je het zegt, zie ik wat je bedoelt.
Volgens mij heb ik hem op de tv gezien in
een reclame voor chocola. Kan dat?

HENK Je hebt gelijk! Hij verdient zeker niet zo
veel bij deze theatergroep. Ook als je niet
erg bekend bent, kun je toch meer met
commerciële dingen verdienen –

ROOS Henk! Heb jij de bel gehoord? Iedereen is
weg! Hoe kan dat nou!

10

Interval

HENK It amazes me that we managed to get tickets
for tonight. It's so crowded.

ROOS How long is the interval? Do you think we
have time for a cup of coffee?

HENK Sure. Shall we go and stand in the queue?

ROOS What do you think of the play?
Well acted, isn't it?

HENK I think the play itself lacks something,
although it's quite funny. But as you say,
those people can act.

ROOS They're enthusiastic and spontaneous, at any
rate. That's the nice thing about these little
theatres – that the audience sits close to the stage
and can easily identify with the play.

HENK Do you know whether that young actor is
famous? I know his face.

ROOS Now that you mention it, I see what you mean.
I think I've seen him on TV in an advert for
chocolate. Is that possible?

HENK You're right! He probably doesn't earn that much
with this theatre group. Even if you're not very
well known, you can earn more from
commercial things –

ROOS Henk! Did you hear the bell? Everyone's gone!
How can that be?

10.5 THE SIMPLE PAST TENSE (WEAK VERBS)

In addition to the present perfect, Dutch also has a simple (single word) past tense. We'll find out about its usage in section 10.8. First let's look at how it conjugates. In weak verbs, the infinitive ending is replaced with **-te(n)/de(n)**.

(1) Weak verbs whose stem ends in **p, t, k, s, f, ch** (remember the mnemonic **'t kofschip**) add **-te(n)**, and the rest add **-de(n)**.

simple past

hopen	**betalen**
(to hope)	(to pay)
ik hoopte (I hoped)	**ik betaalde** (I paid)
jij hoopte	**jij betaalde**
u hoopte	**u betaalde**
hij/zij hoopte	**hij/zij betaalde**
wij hoopten	**wij betaalden**
jullie hoopten	**jullie betaalden**
u hoopte	**u betaalde**
zij hoopten	**zij betaalden**

(2) Verbs whose stem ends in **-t** add **-te(n)**, and verb stems ending in **-d** add **-de(n)** (thus doubling the consonant before the conjugation ending):

infinitive	stem	simple past	
praten (to talk)	**praat**	**praatte** (sing.)	**praatten** (pl.)
redden (to save)	**red**	**redde** (sing.)	**redden** (pl.)

PRONUNCIATION NOTE: Because of the tendency not to pronounce the final **-n** at the end of words in Dutch, the different forms **praten, praatte** and **praatten** sound the same when spoken. And note that in the second example (**redden**), the infinitive and the plurals of the present and past tense are identical.

(3) Verbs whose infinitives contain **v** and **z**, but whose stems end in **-f** and **-s**, have the **f, s** spelling in the past tense, although these are pronounced **v** and **z** respectively.

10

infinitive	stem	simple past	
leven	**leef**	**leefde** (sing.)	**leefden** (pl.)
(to live)		[layv-duh]	[layv-duh]
verhuizen	**verhuis**	**verhuisde**	**verhuisden**
(to move		(sing.)	(pl.)
house)		[fer-'h**OW**z-duh]	[fer-'h**OW**z-duh]

(4) Separable verbs behave in the same way in the simple past as in the present, i.e. the verb and prefix are separate in a main clause but joined in a subclause.

For example:
Hij belde gisteren op.
He rang up yesterday.
Ze zei dat hij gisteren opbelde.
He said that he rang up yesterday.

10.6 THE SIMPLE PAST TENSE (STRONG VERBS)

The simple past conjugation of strong verbs involves a change of vowel in the stem, with no ending in the singular and **-en** added in the plural:

infinitive	simple past	
	sing.	pl.
zingen (to sing)	**zong** (sang)	**zongen**
schrijven (to write)	**schreef** (wrote)	**schreven**
dragen (to wear)	**droeg** (wore)	**droegen**
hangen (to hang)	**hing** (hung)	**hingen**
slapen (to sleep)	**sliep** (slept)	**sliepen**
lezen (to read)	**las** (read)	**lazen**

SPELLING NOTE: In **schrijven** and **lezen**, note the **f** and **s** in the singular and the **v** and **z** in the plural.

Because the vowel change doesn't follow a particular pattern, you'll just need to learn these conjugations for the strong verbs. From now on, when a new strong verb is introduced, we won't provide the simple past and past participle, but you can check the list on pages 230–232.

10

Irregular verbs (see section 6.3) are also included in the list on pages 230–232. They often have other changes besides the stem vowel:

infinitive	stem	simple past (sing. & pl.)	
brengen	**breng**	**bracht** (brought)	**brachten**
doen	**doe**	**deed** (did)	**deden**
kopen	**koop**	**kocht** (bought)	**kochten**

The past tense of modal verbs is also included in the list on pages 230–232.

10.7 THE SIMPLE PAST OF **HEBBEN** AND **ZIJN**

The simple past of the essential verbs **hebben** and **zijn** is irregular, but the singular is identical to English:

hebben	**zijn**
ik had (I had)	**ik was** (I was)
jij had	**jij was**
u had	**u was**
hij/zij had	**hij/zij was**
wij hadden	**wij waren**
jullie hadden	**jullie waren**
u had	**u was**
zij hadden	**zij waren**

10.8 USE OF THE SIMPLE PAST

The simple past tense is not used as frequently in Dutch as in English because the present perfect is generally used to talk about the past (see section 5.5).

However, the simple past is used in certain specific contexts: for example, when narrating a series of events that took place in the past.

10

For example:

Ik ging de stad in, kocht een laptop, ging op een terrasje zitten, en daarna liep ik naar huis.
I went into town, bought a laptop, went and sat at a café terrace, and afterwards I walked home.

The simple past is also always used after the subordinating conjunction **toen**. For example:

Toen ik in Amsterdam woonde, ging ik vaak naar het theater.
When I lived in Amsterdam, I often went to the theatre.

An exception is **hebben** and **zijn**, which are used more frequently in the simple past than in the present perfect, although the perfect is not wrong in most cases.

For example:
Ik was in de stad.
I was in town.
Ik ben in de stad geweest.
I was in town.

But the simple past must be used if **hebben** and **zijn** indicate a permanent state:

Hij is voor zijn examen geslaagd, maar hij was ook altijd knapper dan ik.
He passed his exam, but he always was cleverer than me.

10

VOCABULARY 2

aanbieden (strong)	to offer
aannemen (strong)	to accept
de betrekking	post, job
breed	wide, broad
de chef / cheffin	boss
de ervaring	experience
de firma	firm, company
gaan zitten	to sit down
veel gemeen hebben met iemand	to have a lot in common with someone
de groothandel	wholesale business
de handelsreiziger / de handelsreizigster	commercial traveller
hè	hey, isn't it, etc. (interjection)
huidig	current, actual, present
de kantoormedewerker	office worker (m. & f.)
knap	clever, good-looking
de kruidenier	grocer
het luxeartikel	luxury item
de manager	manager (m. & f.)
neerzetten	to put/set down
opgeven (strong)	to give up
goed met iemand opschieten	to get on well with someone
het personeel	personnel, staff
de reiziger / de reizigster	traveller
solliciteren	to apply
toen	then, at that time
veranderen van	to change
de verkoopleider / de verkoopleidster	sales manager
de verkoper / de verkoopster	salesperson
in verwachting	expecting a baby
wegrijden	to drive off
het beroep	occupation
de winkelbediende	shop assistant, clerk (m. & f.)
zwanger	pregnant

10

Exercise 3

Give the simple past tense, singular and plural, of the following weak verbs:

hopen, groeien, bouwen, maken, leven, praten, verhuizen, zetten, blaffen, branden

Exercise 4

Give the simple past tense, singular and plural, of the following strong and irregular verbs:

schrijven, gaan, brengen, lezen, lopen, vragen, staan, nemen, kopen, hangen

Exercise 5

Translate the following sentences into English:

1 Wij betaalden en gingen weg.
2 Gisteren was het mooi weer.
3 Ze zaten de hele avond te praten.
4 Jullie hadden drie katjes, dacht ik.
5 Het waren onze buren toen we in Utrecht woonden.
6 Hij had een grote tuin voordat hij verhuisde.
7 Was u tevreden toen u daar werkte?
8 We gingen mee, stapten in de auto, en reden toen weg.
9 Ze praatte heel vriendelijk tegen me toen ze opbelde.
10 De jongen redde de hond en nam hem mee naar huis.

Exercise 6

Translate the following sentences into Dutch. Use the simple past tense even though the present perfect is acceptable in some cases, as in sentence 4.

1 It was a nice party, wasn't it?
2 You (informal pl.) had a very old car.
3 I knocked at the door, opened it and went in.
4 We were in town yesterday.
5 Didn't you (informal sing.) have a new bicycle?
6 When he saw us, he laughed.
7 They built a house and went to live there.
8 I carried the suitcase, put it down and sat on it.
9 At that time, she only spoke English.
10 When I offered him the job, he accepted it.

Drill 2

1 Substitution drill

Wij waren gisteren thuis.	**ik**
Ik was gisteren thuis.	**hij**
Hij was gisteren thuis.	**jullie**
Jullie waren gisteren thuis.	**jij**
Jij was gisteren thuis.	**zij** (plural)
Zij **waren** gisteren thuis.	**bleven**
Zij bleven gisteren thuis.	**ik**
Ik bleef gisteren thuis.	**wij**
Wij bleven gisteren thuis.	**u**
U bleef gisteren thuis.	

10

2 Stimulus–response drill to practise **er** ('there')

S Hij lag toen in bed.
R Hij ligt er nog.

S Hij zat toen in de keuken.
R Hij zit er nog.

S Hij was toen thuis.
R Hij is er nog.

S Hij stond toen op de hoek.
R Hij staat er nog.

S Hij liep toen op straat.
R Hij loopt er nog.

S Hij sliep toen in de tuin.
R Hij slaapt er nog.

S Hij bleef toen in de stad.
R Hij blijft er nog.

10

Sollicitatiegesprek

MENEER TIMMERS **Komt u binnen, meneer Smit. Gaat u zitten. U heeft dus naar de betrekking van verkoopleider gesolliciteerd.**

MENEER SMIT **Ja, dat klopt.**

MENEER TIMMERS **Ik lees uit uw brief dat u niet veel ervaring op dit gebied hebt.**

MENEER SMIT **Niet als manager, nee. Maar ik heb wel een brede ervaring in allerlei banen.**

MENEER TIMMERS **Vertelt u ons eens wat van uw vroegere werkzaamheden.**

MENEER SMIT **Toen ik van school ging, werkte ik als winkelbediende bij een kruidenier. Daarna had ik een baan als kantoormedewerker bij een firma in de groothandel, en de laatste jaren heb ik als handelsreiziger in luxeartikelen gewerkt. Dat doe ik nog steeds.**

MENEER TIMMERS **Waarom wilt u van baan veranderen?**

MENEER SMIT **Omdat ik nu getrouwd ben. Mijn vrouw vond het niet erg in het begin, maar ze is nu in verwachting.**

MENEER TIMMERS **Ja, ja. Dat kan ik heel goed begrijpen. Mijn vrouw was ook zwanger toen ik een vergelijkbare baan opgaf. Uw huidige chef heeft een erg aardige brief over u geschreven.**

MENEER SMIT **O ja? We kunnen heel goed met elkaar opschieten.**

MENEER TIMMERS **Dat is natuurlijk belangrijk voor een manager. U zult inderdaad veel met uw personeel gemeen hebben. Dat is een groot voordeel. Ik bied u de baan aan.**

MENEER SMIT **En ik neem hem met plezier aan.**

10

Interview

MR TIMMERS Come in, Mr Smit. Sit down. So you
            have applied for the post of sales manager.
MR SMIT Yes, that's right.
MR TIMMERS I see from your letter that you don't have
            much experience in this field.
MR SMIT Not as a manager, no. But I do have wide
         experience of all kinds of jobs.
MR TIMMERS Tell us something about your previous
            occupations.
MR SMIT When I left school, I worked as a shop
         assistant in a grocer's. Afterwards I had a job
         as a clerk with a firm in the wholesale
         business, and in recent years, I've worked as
         a commercial traveller in luxury goods.
         That's what I'm still doing.
MR TIMMERS Why do you want to change jobs?
MR SMIT Because I'm married now. My wife
         didn't mind at first, but now she's
         expecting a baby.
MR TIMMERS Oh yes. I quite understand. My wife was
            also pregnant when I gave up a similar job.
            Your current boss has written a very nice
            letter about you.
MR SMIT Has he? We get on very well together.
MR TIMMERS That's important for a manager, of course.
            You will indeed have a lot in common with
            your staff. That's a great advantage.
            I'm offering you the job.
MR SMIT And I accept it with pleasure.

10

Week 11

- *the past perfect and the conditional*
- *cardinal and ordinal numbers*
- *dates, days of the week, and months*
- *money*
- *weights and measures*
- **er** *as an adverb of place ('there'), as a pronoun, etc.*
- *relative clauses*
- *expressing purpose or function with* **om** + **te** + *infinitive*

11.1 THE PAST PERFECT ('HAD DONE')

The past perfect is formed by conjugating **hebben** or **zijn** in the simple past + past participle:

Ik had al eerder in Amsterdam gewoond.
I had lived in Amsterdam before.
Zij was met de trein gegaan.
She had gone by train.

This tense is used in the same way as in English.

11.2 THE CONDITIONAL ('WOULD DO')

The conditional in English is 'would' + infinitive. In Dutch, it is formed with the simple past of **zullen** + infinitive.

simple past
zullen

ik zou (I would)	**wij zouden**
jij zou	**jullie zouden**
u zou	**u zou**
hij/zij zou	**zij zouden**

Hij zou het vervelend vinden.
He would find it boring.
Als jullie mee konden rijden, zouden jullie naar het feest gaan.
If you could get a lift, you would go to the party.

11

An important use of **zou** in Dutch is in polite requests. It is used in cases where in English we would say 'please?'

Zou ik meneer Timmers kunnen spreken?
Could I speak to Mr Timmers, please?
Zou je dat voor me kunnen doen?
Could you do that for me, please?
Zou ik uw pen mogen lenen?
Please may I borrow your pen?
Zou je dat voor me willen doen?
Would you do that for me, please?

To say 'I would like ...', the most common option is to use the simple past of **willen** (i.e. **wou**) followed by **graag**. This is less formal than **zou + willen**, but still polite.

Ik wou graag een kilo aardappelen.
I would like a kilo of potatoes.
Ik wou graag weten ...
I would like to know ...

All these forms are invaluable for expressing requests politely in any situation.

11.3 NUMBERS

(1) Cardinal numbers (one, two, etc.)

1	**een**	11	**elf**
2	**twee**	12	**twaalf**
3	**drie**	13	**dertien**
4	**vier**	14	**veertien**
5	**vijf**	15	**vijftien**
6	**zes**	16	**zestien**
7	**zeven**	17	**zeventien**
8	**acht**	18	**achttien**
9	**negen**	19	**negentien**
10	**tien**		

11

20	**twintig**	100	**honderd**
21	**eenentwintig**	101	**honderd een**
22	**tweeëntwintig**	121	**honderd eenentwintig**
30	**dertig**	200	**tweehonderd**
40	**veertig**	222	**tweehonderd**
50	**vijftig**		**tweeëntwintig**
60	**zestig**	1000	**duizend**
70	**zeventig**	2222	**tweeduizend**
80	**tachtig**		**tweehonderd**
90	**negentig**		**tweeëntwintig**
		1,000,000	**miljoen**

By following the pattern shown for 20, 21, 22, you can form any number between 20 and 99. In contrast to English, the unit precedes the ten, and the two are linked by **en** (**ën** when the number ends in **-e**). This is always written as one word. Note from 222 that the hundreds and tens are written separately, and from 2222, the thousands, hundreds and tens are written separately.

(2) Ordinal numbers (first, second, etc.)

1st	**eerste**	15th	**vijftiende**
2nd	**tweede**	16th	**zestiende**
3rd	**derde**	17th	**zeventiende**
4th	**vierde**	18th	**achttiende**
5th	**vijfde**	19th	**negentiende**
6th	**zesde**	20th	**twintigste**
7th	**zevende**	21st	**eenentwintigste**
8th	**achtste**	30th	**dertigste**
9th	**negende**	100th	**honderdste**
10th	**tiende**	101st	**honderdeerste**
11th	**elfde**	121st	**honderdeenen-**
12th	**twaalfde**		**twintigste**
13th	**dertiende**	1000th	**duizendste**
14th	**veertiende**	2222nd	**tweeduizend-**
			tweehonderd-
			tweeëntwintigste
		1,000,000th	**miljoenste**

Note that all ordinal numbers are written as one word.

11

To ask the date (**de datum**) in Dutch, say:

De hoeveelste is het vandaag?
What is the date today?

If the month is given, the cardinal number is used.
For example:

Het is drie september.
It is the third ('three') of September.

If the month is not given, the ordinal number is used.
For example:

Het is de derde. It is the third.

A date (**het jaartal**), such as 2022, is spoken as
tweeduizend tweeëntwintig.

The days of the week are:

maandag
dinsdag
woensdag
donderdag
vrijdag
zaterdag
zondag

The months are:

januari
februari
maart
april
mei
juni
juli
augustus

11

september
oktober
november
december

Note that they are not written with a capital letter.

11.5 MONEY

The main unit of currency in the Netherlands is the euro, written €. It is divided into 100 cents (**centen**). **Euro's** and **centen** are both used in the singular when quoting amounts.

€ 0,05   **vijf eurocent** or **cent**
€ 0,10   **tien cent**
€ 0,20   **twintig cent**
€ 0,50   **vijftig cent**
€ 1,00   **een euro**
€ 2,00   **twee euro**

11.6 WEIGHTS AND MEASURES

The weights are metric and will probably be familiar to you, although look out for any differences in spelling:

de gram =   1 gram
het ons =   100 grams
het pond =   500 grams =   **een halve kilo**
de kilo =   1000 grams

The units are always used in the singular when quoting amounts. For example:
250 gram = twee en een half ons = een half pond

Units of length are also metric:
de centimeter =   centimetre

11

de meter	=	metre
de kilometer	=	kilometre

These are also always used in the singular after a number.

VOCABULARY 1

anderhalf	one and a half
bedenken	to think of
het bevalt me	it pleases me, I like it
de biefstuk	rump steak
de boter	butter
een briefje van €10	a ten euro note
een dagje uit	a day trip, a day out
de datum	date
Duitsland	Germany
Frankrijk	France
het gehakt	minced/ground meat
het jaartal	year (i.e. date)
de kaas	cheese
de keer	time (occasion)
naar zijn zin	to one's liking
Ik had het naar mijn zin.	It was to my liking.
nog iets	something else
de schoonvader / schoonmoeder	father- / mother-in-law
de slager / slagerin	butcher
Spaans	Spanish
Spanje	Spain
de Spanjaard / Spaanse	Spaniard
terugkrijgen (strong)	to get back, to retrieve
thee / koffie zetten	to make tea/coffee
vaak	often
met vakantie gaan/zijn	to go/be on holiday
van ... vandaan	from (when giving distance)
vergelijken met	to compare with
wisselen	to change, to exchange

Exercise 1

Translate the following sentences into English:

1 Ik was te vroeg aangekomen.
2 De trein was op tijd vertrokken.
3 Had je de wijn al besteld?
4 Wij hadden tien kilometer gereden.
5 De slager had mij drie ons gehakt gegeven.
6 Ik was in juni bij mijn schoonmoeder op bezoek geweest.
7 Ze zei dat ze twaalf euro vijftig had betaald.
8 Zij waren in september naar Duitsland met vakantie gegaan.

Exercise 2

Translate the following sentences into English:

1 Zou ik uw paraplu mogen lenen?
2 Jullie zouden in augustus met vakantie kunnen gaan.
3 Zou je de deur dicht kunnen doen?
4 Als wij genoeg geld hadden, zouden wij naar de film gaan.
5 Ik wou graag anderhalf pond kaas.
6 Zou dat meer dan tien euro's kosten?
7 Zou je thee willen zetten?
8 Zou ik de manager kunnen spreken?

11

Exercise 3

Translate the following sentences into Dutch:

1 He had seen that film already.
2 They had given her a present.
3 Had you (formal) applied for many jobs?
4 Please may I borrow your (informal sing.) bicycle?
5 Their house is five kilometres from the station.
6 I would like half a kilo of butter, please.
7 He said he had been in England.
8 Could you (informal sing.) give me that pen, please?
9 She said it would cost twenty-two euros.
10 If they had a car, they would come along.

Drill 1

1 Stimulus–response drill

S Het is vandaag drie september.
R Ja, het is de derde.

S Het is vandaag negen mei.
R Ja, het is de negende.

S Het is vandaag eenentwintig maart.
R Ja, het is de eenentwintigste.

S Het is vandaag elf januari.
R Ja, het is de elfde.

S Het is vandaag drieëntwintig oktober.
R Ja, het is de drieëntwintigste.

S Het is vandaag veertien februari.
R Ja, het is de veertiende.

S Het is vandaag vier juni.
R Ja, het is de vierde.

2 Stimulus–response drill

S Twee boeken?
R Nee, drie boeken.

S Zes pennen?
R Nee, zeven pennen.

S Negentien bomen?
R Nee, twintig bomen.

S Elf kranten?
R Nee, twaalf kranten.

S Vijftig mensen?
R Nee, eenenvijftig mensen.

S Dertien broodjes?
R Nee, veertien broodjes.

S Acht auto's?
R Nee, negen auto's.

11

Frankrijk? Spanje? Of Zandvoort?

MEVR. ZWART **Goedemorgen, meneer de Wit. Hoe gaat het met u? Leuke vakantie gehad?**

MENEER DE WIT **Nou, ik vind Spanje niks bijzonders. Behalve dan het weer. Maar we waren al vaak naar Frankrijk gegaan.**

MEVR. ZWART **Ik wou graag ....**

MENEER DE WIT **Zegt u het maar ... En het Spaanse eten is heel anders dan het Franse.**

MEVR. ZWART **Ik zou graag een pond gehakt willen hebben.**

MENEER DE WIT **Vijfhonderd gram gehakt. Geef mij maar een lekkere biefstuk zoals we in Frankrijk hebben gehad. Was er nog iets?**

MEVR. ZWART **Nee. Dat was het dus. Ik dacht dat u het daar ook niet naar uw zin had gehad.**

MENEER DE WIT **Ja, dat dachten wij toen ook, maar uiteindelijk vond ik het beter dan Spanje. Zes euro vijftig.**

MEVR. ZWART **Ik heb alleen maar een briefje van twintig euro. Alstublieft.**

MENEER DE WIT **Dank u wel. Ik kan het makkelijk wisselen. Dat is dus dertien euro vijftig terug. Bent u al met vakantie geweest?**

MEVR. ZWART **Nee. Ik zou het graag willen. Misschien een dagje uit naar het strand. Dat zou de kinderen heel goed bevallen. Waarom had ik dat niet eerder bedacht? Ik zal met ze naar Zandvoort gaan met de trein. Dank u wel! Dag!**

11

France? Spain? Or Zandvoort?

MS ZWART   Good morning, Mr de Wit. How are you?
           Did you have a nice holiday?

MR DE WIT Well, I didn't think Spain was exceptional.
           Except for the weather. But we'd already
           been to France so many times.

MS ZWART   Could I have ....

MR DE WIT What can I do for you? ... And Spanish food
           is very different from French food.

MS ZWART   I'd like a half a kilo of mince, please.

MR DE WIT Five hundred grams of mince. Give me a
           tasty steak like we had in France any day.
           Was there anything else?

MS ZWART   No. That's all. I thought you hadn't liked
           it there either.

MR DE WIT Yes, that's what we thought at the time too,
           but in the end I prefer it to Spain.
           Six euros fifty cents.

MS ZWART   I only have a twenty-euro note. Here you are.

MR DE WIT Thank you. I can easily change it. That's
           thirteen euros fifty cents change.
           Have you already been on holiday?

MS ZWART   No. I would really like to. Perhaps a day trip
           to the beach. That would really please the
           children. Why hadn't I thought of that
           before? I'll take them to Zandvoort on the
           train. Thank you very much. Bye!

11

We've already encountered this word with two of its meanings: 'it' or 'there'. But in fact this little word has four separate functions. Here's an overview of all the main ways **er** can be used:

(1) As an adverb of place meaning 'there'

Ze heeft er vier jaar gewoond.
She lived there for four years.

Above we see that **er** can precede an adverbial expression of time. Note that **er** only occurs in unstressed positions. In stressed positions, such as at the beginning of a sentence, **er** is replaced by **daar**:

Daar heeft ze vier jaar gewoond.
She lived there for four years.

(2) As a pronoun meaning 'it'

When referring to things, the pronouns **het, hem** and **ze** cannot be used after a preposition, so the construction **er** + preposition is employed instead. It can be written as one word:

De kinderen spelen ermee.
The children play with it.
Ik heb erop gewacht.
I've waited for it.

Or it can be separated from the preposition by other elements such as adverbial expressions:

De kinderen spelen er vaak mee.
Ik heb er een half uur op gewacht.

In this function, **er** can be replaced by **daar**, which is translated by 'that':
De kinderen spelen daar vaak mee.
The children often play with that.

It can also be replaced by **hier**, which is translated by 'this':

De kinderen spelen hier vaak mee.
The children often play with this.

When asking a question, **er** is replaced by **waar**:

Waar spelen de kinderen mee?
What are the children playing with?

(3) To talk about a quantity or amount of something, translating to 'of it' or 'of them'

Hoeveel kaarten heb je? Ik heb er vier.
How many tickets do you have? I have four (of them).
Ik heb er genoeg gehad.
I've had enough (of it/them).

Note that **er** with the meaning 'of it/them' cannot be omitted in Dutch as it often is in English.

(4) The equivalent of 'there is', 'there are' in sentences with an indefinite subject

Er staat een man op de hoek.
There is a man standing on the corner.
Vanmorgen was er geen melk in de koelkast.
There was no milk in the fridge this morning.

In a question, **er** and the verb are inverted:

Is er geen melk in de koelkast?
Is there no milk in the fridge?

11

Relative clauses are introduced by relative pronouns (e.g. 'that', 'which', 'who') and have the same word order as subordinate clauses (see section 10.2). A relative clause supplies information about a preceding noun.

(1) In Dutch, the demonstratives **die** and **dat** also function as relative pronouns.

die is used to refer to people, singular common gender nouns and all plurals:

Kent u de man die daar op de hoek staat?
Do you know the man who is standing there on the corner?
Hier is de jurk die ik gisteren gekocht heb.
Here is the dress (that) I bought yesterday.
Hoe vind je de tekeningen die ik zelf heb gemaakt?
What do you think of the drawings (that) I did myself?

dat is used to refer to singular neuter nouns:

Het boek dat ik pas gelezen heb, is uitstekend.
The book (that) I have just read is excellent.
Hier is het huis dat zij kopen wil.
Here is the house (that) she wants to buy.

Note that the relative pronoun must be included in Dutch, whereas it is often left out in English.

In the first and below examples, note that a comma can be required to set apart a relative clause in Dutch.

(2) When the relative clause refers to a person and the relative pronoun is preceded by a preposition, **die** is replaced by **wie**.

De jongen aan wie ze het geld gaf, is haar broer.
The boy to whom she gave the money is her brother.
De man van wie dit huis is, heeft tien katten.
The man whose house this is has ten cats.

(3) When the relative clause refers to a thing and a preposition is used, it is introduced by **waar** + preposition:

De pen waarmee ik schrijf, is van hem.
The pen I am writing with is his.
De podcasts waarnaar jullie luisteren zijn interesant.
The podcasts you are listening to are interesting.

11.9 OM + TE + INFINITIVE

This construction has two main functions:

(1) To express a purpose:

Wij gaan naar Den Haag om het Parlementsgebouw te zien.
We are going to The Hague to see the parliament building.
Hij heeft een bosje bloemen gekocht om haar op te vrolijken.
He bought a bunch of flowers (in order) to cheer her up.

(2) To describe the function of a preceding noun:

Een tas om boeken in te dragen
A bag for carrying books in
Dat is geen mes om brood mee te snijden.
That isn't a knife for cutting bread.

Note that **om** introduces the construction, and that the infinitive, immediately preceded by **te**, is always in the final position.

There are many other cases – when neither purpose nor a function of a preceding noun is expressed – where this construction is used, but **om** can be left out.

11

For example:

Vergeet niet (om) te komen.
Don't forget to come.
Hij weigerde (om) het te doen.
He refused to do it.
Wij zijn van plan (om) naar een concert te gaan.
We are planning to go to a concert.

VOCABULARY 2

de afspraak	appointment
de agenda	diary, schedule
de bank	bank; sofa
de bloem	flower
het concert	concert
dank u	thank you (also used when refusing something: 'No, thank you')
de directeur /	director, manager
directrice	
helaas	unfortunately
o jee	oh dear
logeren	to stay
de melk	milk
het mes	knife
het ontbijt	breakfast
opvrolijken	to cheer up
het papier	paper
het postkantoor	post office
de postzegel	stamp
de reactie (op)	reaction (to)
het schepje	spoonful
scherp	sharp
snijden (strong)	to cut
de suiker	sugar
de tekening	drawing
tweedehands	secondhand
van plan zijn	to plan
het volgende	the following
vrij	free
wandelen	to walk, to go for a walk
weigeren	to refuse

11

Exercise 4

Translate the following sentences into English:

1 Ze hebben er jaren gewoond.
2 Er loopt een meisje in de straat.
3 Hij logeert er vaak.
4 Was er genoeg brood voor het ontbijt?
5 Hier is een mes. Kun je daar vlees mee snijden?
6 Hoeveel postzegels wilt u? Ik heb er drie nodig.
7 Vindt u koffie lekker? Nee ik houd er niet van.
8 Nog een schepje suiker? Nee dank u, ik heb genoeg.
9 Hebben jullie een radio? Ja, maar we luisteren er nooit naar.
10 Waren er veel mensen in het postkantoor? Er waren er een paar.

Exercise 5

Translate the following sentences into English:

1 De jongen die daar staat, is mijn broer.
2 Dat zijn de mensen bij wie hij logeert.
3 Ze weigerde om mee te gaan.
4 Ik ga naar het postkantoor om postzegels te kopen.
5 De tekening die boven de bank hangt, is erg mooi.
6 Hier is het tafeltje dat ik tweedehands gekregen heb.
7 Het is geen park om in te wandelen.
8 Dit zijn de bloemen waar ze het meest van houdt.
9 De messen die op tafel liggen, zijn niet scherp.
10 Zie je die stoel waar de poes op zit? Die is van mijn zus.

11

Exercise 6

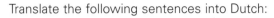

Translate the following sentences into Dutch:

1 There is a kitten playing in the garden.
2 Do you (formal) have a stamp? Yes, I have two.
3 Where is the laptop? The children are watching a film on it.
4 The people she is talking to are very kind.
5 The house they live in is too big.
6 I need some milk. Do you (informal sing.) have any?
7 They sat there all afternoon.
8 Take the cup that's on the table.
9 The neighbours who live in the small house are very friendly.
10 Here is the park in which we like to walk.
11 This is the man to whom I gave the money.
12 He did it in order to get rich.

Drill 2

1 Substitution drill

Dit is het **boek** dat ik gezocht heb.	**krant**
Dit is de **krant** die ik gezocht heb.	**brieven**
Dit zijn de **brieven** die ik gezocht heb.	**mes**
Dit is het **mes** dat ik gezocht heb	**kopjes**
Dit zijn de **kopjes** die ik gezocht heb.	**pen**
Dit is de **pen** die ik gezocht heb.	**tekeningen**
Dit zijn de **tekeningen** die ik gezocht heb.	**geld**
Dit is het **geld** dat ik gezocht heb.	**papieren**
Dit zijn de **papieren** die ik gezocht heb.	**tas**
Dit is de **tas** die ik gezocht heb.	

2 Stimulus–response drill

S Staat de radio op de tafel?
R Ja, hij staat erop.

S Staan de kopjes in de kast?
R Ja, ze staan erin.

S Staat de fiets tegen de boom?
R Ja, hij staat ertegen.

S Staat de auto voor het huis?
R Ja, hij staat ervoor.

S Ligt het boek onder de bank?
R Ja, het ligt eronder.

S Ligt de tuin achter het huis?
R Ja, hij ligt erachter.

S Staat de koelkast naast het raam?
R Ja, hij staat ernaast.

11

Een onwelkome afspraak

MEVR. WILLEMS	**Met mevrouw Willems.**
MENEER DE HAAN	**Met Peter de Haan. Zou ik meneer de Jong kunnen spreken?**
MEVR. WILLEMS	**Met wie spreek ik?**
MENEER DE HAAN	**Ik ben Peter de Haan. Meneer de Jong had beloofd om mij op te bellen, maar ik heb nog niets van hem gehoord.**
MEVR. WILLEMS	**Bent u de meneer die die tweedehands auto wil kopen?**
MENEER DE HAAN	**Helaas niet, mevrouw. Ik ben de directeur van de bank. Ik heb uw chef een paar brieven geschreven, maar ik heb er geen reactie op gekregen.**
MEVR. WILLEMS	**Het spijt mij, maar meneer de Jong is er vandaag niet. Ik ben zijn personal assistant. Kan ik u helpen? Ik weet wel dat hij van plan was om u te schrijven, maar vandaag heeft hij een afspraak die erg belangrijk is.**
MENEER DE HAAN	**Is hij morgenmiddag vrij?**
MEVR. WILLEMS	**Eh ... Dat weet ik niet zeker.**
MENEER DE HAAN	**U bent zijn secretaresse, toch? Heeft hij geen agenda?**
MEVR. WILLEMS	**Jawel, natuurlijk ... maar hij schrijft er niet alles in.**
MENEER DE HAAN	**Zou u zo goed willen zijn om het volgende erin te schrijven: morgen, woensdag dus, om drie uur 's middags, afspraak met meneer de Haan bij hem – Firma De Jong, dus. Dank u wel. Dag, mevrouw.**
MEVR. WILLEMS	**Dag! .... O jee!**

11

TRANSLATION 2

An unwanted appointment

MS WILLEMS Ms Willems speaking.

MR DE HAAN This is Peter de Haan. Could I speak to Mr de Jong, please?

MS WILLEMS With whom am I speaking?

MR DE HAAN I'm Peter de Haan. Mr de Jong had promised to call me, but I haven't heard from him yet.

MS WILLEMS Are you the gentleman who wants to buy that second-hand car?

MR DE HAAN I'm afraid not. I'm the bank manager. I've written your employer a few letters, but I've received no response to them.

MS WILLEMS I'm sorry, but Mr de Jong isn't in today. I'm his personal assistant. Can I help you? I do know that he was intending to write to you, but he has an appointment today that is very important.

MR DE HAAN Is he free tomorrow afternoon?

MS WILLEMS Er ... I'm not sure.

MR DE HAAN But you are his secretary, aren't you? Doesn't he have a diary?

MS WILLEMS Yes, of course ... but he doesn't write everything down in it.

MR DE HAAN Would you be so kind as to write down the following in it: tomorrow, so Wednesday, at 3:00 in the afternoon, an appointment with Mr de Haan at his office – that is, the De Jong firm. Thank you. Goodbye.

MS WILLEMS Goodbye. ... Oh dear!

Week 12

As well as revision exercises, this week includes:
- *the passive voice*
- *the present participle*
- *expressions of time*

12.1 THE PASSIVE VOICE

So far, we have focused on sentences in the active voice, in which the subject performs the action:

Hij legt het bord op de tafel.
He puts the plate on the table.

In the passive voice, the subject is acted upon rather than performing the action. So in the sentence below, what was the object of the previous sentence (**het bord**) is the subject, but the action is performed on it.

Het bord wordt op de tafel gelegd.
The plate is put on the table.

(1) In Dutch, the passive voice is formed using the verb **worden** (to become) (conjugated in the present tense) + past participle. Here are its conjugations with **uitnodigen** (to invite) as an example (e.g. I am invited):

ik word uitgenodigd	wij worden uitgenodigd
jij wordt uitgenodigd	jullie worden uitgenodigd
u wordt uitgenodigd	u wordt uitgenodigd
hij/zij wordt uitgenodigd	zij worden uitgenodigd

The auxiliary verb (**worden**) is conjugated to agree with the subject, and the past participle is in the final position.

To include the 'agent' of the action, you can use **door** (by):

Wij worden door de buren uitgenodigd voor een dineetje.
We are invited to dinner by the neighbours.

(2) In the past tense, the passive is formed using the simple past of **worden** + past participle. The simple past of **worden**, which is a strong verb, is **werd** in the singular and **werden** in the plural. For example:

Wij werden door de buren uitgenodigd voor een feest.
We were invited to a party by the neighbours.
Het jongetje werd door zijn moeder gewassen.
The little boy was washed by his mother.

(3) In the perfect tenses, a different auxiliary verb is used to form the passive voice: **zijn**.

In the present perfect, it is conjugated in the present:

We zijn door de buren uitgenodigd voor een diner.
We have been invited to dinner by the neighbours.
Het jongetje is door zijn moeder gewassen.
The little boy has been washed by his mother.

In the past perfect, **zijn** is conjugated in the simple past:

Wij waren door de buren uitgenodigd voor een diner.
We had been invited to dinner by the neighbours.
Het jongetje was door zijn moeder gewassen.
The little boy had been washed by his mother.

(4) In Dutch, there is also an impersonal passive construction introduced by **er** (+ **worden**) with no specified subject.

The closest equivalent in English would be 'there is', conveying that the action denoted by the verb is or was carried out 'generally' by no particular person.

Er wordt hier hard gewerkt.
Hard work is done here.
Er werd veel gelachen.
There was a lot of laughing.

12

A passive sentence with an indefinite subject introduced by **er** is a similar construction to the one discussed in section 11.7.

Er worden tweedehands meubels op de markt verkocht.
Second-hand furniture is sold in the market.
Er werd die avond geen bier gedronken.
No beer was drunk that evening.

12.2 THE PRESENT PARTICIPLE ('GOING', 'DOING')

The present participle is the '-ing' form of the verb. In English, this is very frequently used: it is less so in Dutch (see section 10.4 for the construction that is equivalent to the English present continuous tense, for example). However, the present participle does exist in Dutch. It is formed by adding **-d(e)** to the infinitive:

lopend	walking
gaande	going
huilend	crying
zijnde	being

This form is commonly used as an adjective, in which case **-e** is added according to the rules given for adjectives (see section 7.1).

volgend jaar	next year ('following year')
volgende week	next week
de lopende band	conveyor belt ('walking belt')
werkende vrouwen	working women

It is also used as an adverb of manner, in which case the **-e** ending is optional.

Hij kwam ons lachend tegemoet.
He came towards us laughing.
Al doende leert men.
Practice ('practising') makes perfect.

12.3 GIVING THE TIME

Hoe laat is het?	What time is it?
Het is vijf uur.	It is five o'clock.
Het is kwart over vijf.	It is quarter past five.
Het is kwart voor zes.	It is quarter to six.
Het is half zes.	It is half past five.

Note that when giving the half hour, Dutch refers to the next hour (e.g. six), whereas English refers to the previous hour (e.g. five).

In Dutch, the clock is divided into quarters, and time is measured up to the quarter hour:

1st quarter
Het is vijf over negen. It is five past nine.
Het is tien over negen. It is ten past nine.

2nd quarter
Het is tien voor half tien. It is twenty past nine.
Het is vijf voor half tien. It is twenty-five past nine.

3rd quarter
Het is vijf over half tien. It is twenty-five to ten.
Het is tien over half tien. It is twenty to ten.

4th quarter
Het is tien voor tien. It is ten to ten.
Het is vijf voor tien. It is five to ten.

NOTE: The 24-hour clock is used for official times, such as those given in railway timetables.

de minuut and **de seconde** are used in the plural after numbers. For example:

Ik heb tien minuten gewacht.
I waited for ten minutes.

But **het uur** (hour) and **het kwartier** (quarter of an hour) are used in the singular after numbers.

12

For example:

We hebben vier uur in de trein gezeten.
We were on the train for four hours.
Hij heeft drie kwartier in de rij gestaan.
He queued for three-quarters of an hour.

Note that expressions of time in Dutch are never preceded by the equivalent of 'for' in English.

VOCABULARY

aanzetten	to switch on
afslaan	to cut out (engine)
de agent / agente	police officer
aanbellen	to ring (the doorbell)
de benzine	petrol
het benzinestation	petrol station
door	through, by
Hoe komt het dat ...?	How is it that ...?, How come ...?
juist	correct, right, exact
klaarmaken	to get ready, to prepare
de kroeg	pub
aan de linkerkant	on the left-hand side
links	on the left
linksaf	to the left
merken	to notice
het meubel	piece of furniture
de motor	engine; motorcycle
om	at (a particular time), around
om een uur of tien	at about ten o'clock
opzettelijk	on purpose
pas	not until
de politie	police
de politieauto	police car
aan de rechterkant	on the right-hand side
rechts	on the right
rechtsaf	to the right
de reparatie	repair

12

de richting	direction
ruzie hebben	to have an argument
slaande ruzie hebben	to have a blazing argument
schat	darling, sweetie
het stuur	steering wheel
tanken	to fill up (with petrol)
het tankstation	filling station
tege<u>moet</u>komen	to come to meet, come towards
de terugweg	way back, return journey
het uitmaken	to break it off (a relationship)
uitzetten	to switch off
het verkeer	traffic

Exercise 1

Write the following times in full in Dutch:

1 o'clock, 10:25, 9:15, 2:30, 4:35, 11:45, 3:55, 6:10, 8:40, 5:05

Exercise 2

Translate the following sentences into English:

1 De auto wordt gewassen.
2 Het bord werd kapotgemaakt.
3 De tv is aangezet.
4 De radio was uitgezet.
5 De kinderen worden om zeven uur door hun moeder naar bed gebracht.
6 Het ontbijt werd door vader klaargemaakt.
7 Er zijn twee kleine katjes in de tuin gevonden.
8 We worden door de buren uitgenodigd voor een diner.
9 Werd je vaak naar het museum meegenomen?
10 Er werd de hele avond naar muziek geluisterd.
11 Door wie is het huis gekocht?
12 Er wordt gebeld.
13 Het huilende meisje werd door de agent naar huis gebracht.
14 De hond rende blaffend door het park.

Exercise 3

Translate the following sentences into Dutch:

1 The evening meal is being prepared.
2 My pen was borrowed by the teacher (m.).
3 The kitten has been saved by the policewoman.
4 The bill had been paid by my sister.
5 The play is well acted.
6 Tea was made.
7 The tickets have all been sold.
8 A lot of money had been spent.
9 Has the dress been washed before?
10 The sleeping dog has been lying on the carpet for hours.

12

Drills

1 Stimulus–response drill

S Begint de film om vier uur?
R Nee, die begint om vijf over vier.

S Begint de film om tien over acht?
R Nee, die begint om kwart over acht.

S Begint de film om vijf voor half zeven?
R Nee, die begint om half zeven.

S Begint de film om vijf over half drie?
R Nee, die begint om tien over half drie.

S Begint de film om kwart voor zes?
R Nee, die begint om tien voor zes.

S Begint de film om half tien?
R Nee, die begint om vijf over half tien.

S Begint de film om vijf voor acht?
R Nee, die begint om acht uur.

2 Stimulus–response drill

S Wordt de brief geschreven?
R Hij is al geschreven.

S Worden de ramen gewassen?
R Ze zijn al gewassen.

S Worden jullie uitgenodigd?
R We zijn al uitgenodigd.

S Word jij betaald?
R Ik ben al betaald.

S Worden de muren geschilderd?
R Ze zijn al geschilderd.

S Wordt de lunch klaargemaakt?
R Hij is al klaargemaakt.

S Wordt het huis verkocht?
R Het is al verkocht.

12

Rij jij of rij ik?

HUIB Hoe komt het dat wij uitgenodigd zijn en Peter niet? Heeft Claudia het uitgemaakt?

MARJAN Huib! Hebben we geen benzine nodig? Je zei toch dat we moesten tanken.

HUIB Ja, maar het is nog tien minuten rijden, en dan zijn we er.

MARJAN Vergeet niet dat we ook terug moeten rijden. Hier aan de linkerkant is een tankstation. Stoppen!

HUIB Ik kan niet zomaar links afslaan. Er kwam verkeer uit de andere richting. En we worden door een politieauto gevolgd.

MARJAN Jij zit achter het stuur, schat. Jij moet het weten. Maar luister eens, als je nu niet tankt, dan rij ik niet op de terugweg.

HUIB Maar dan kan ik niets drinken.

MARJAN Juist. Hoe laat rijden we naar huis?

HUIB We zullen pas om een uur of twaalf weggaan. Kijk! Daar heb je een garage!

MARJAN Er wordt geen benzine verkocht. Die doen alleen maar reparaties. Wist je niet dat Peter en Claudia al wekenlang ruzie hebben? Slaande ruzie.

HUIB Ik had wel iets gemerkt. Waarom?

MARJAN Ze wordt door hem veel te veel alleen gelaten. Hij gaat veel met zijn vriendjes naar de kroeg. Hé! Waarom stop je nou hier?

HUIB Ik stop niet opzettelijk. Eh ... de motor slaat af. Denk ik ...

Who's driving? You or me?

HUIB   How come we've been invited and not Peter?
Has Claudia broken it off?

MARJAN   Huib! Don't we need some petrol? Didn't you
say we had to fill up?

HUIB   Yes, but it's another ten minutes' driving, and
then we're there.

MARJAN   Don't forget that we have to get back as well.
Here's a filling station on the left. Stop!

HUIB   I can't just turn off to the left like that. There
was traffic coming from the other direction. And
we're being followed by a police car.

MARJAN   You're behind the wheel, sweetheart. You know
best. But listen, if you don't fill up now, then I
won't drive on the way back.

HUIB   But then I won't be able to drink anything.

MARJAN   Exactly. What time are we going to be driving
home?

HUIB   We won't be leaving until about twelve. Look!
There's a garage!

MARJAN   They don't sell petrol. It's only for repairs. Didn't
you know that Peter and Claudia have been
quarrelling for weeks? Blazing arguments.

HUIB   I had noticed. Why?

MARJAN   She's left on her own by him far too much. He
goes to the pub a lot with his mates. Hey!
Why are you stopping here?

HUIB   I'm not stopping on purpose. Er … the engine's
cutting out. I think …

12

Revision exercises

Exercise 1

Join the two sentences using a conjunction from the list, changing the word order where necessary.

wanneer, omdat, nadat, als, totdat, toen

1 Ik doe het. … Ik vind het belangrijk.
2 … We hebben gewinkeld. We gaan lunchen.
3 Ik blijf hier. …. Je voelt je beter.
4 … Hij was jong. Hij woonde in Utrecht.
5 … Je vindt dat leuk. Ik zal je meenemen naar het theater.
6 … Het is mooi weer. We gaan in de tuin zitten.

Exercise 2

Put the following into indirect speech:

For example:
Anneke zegt: 'Ik houd van appeltaart.'→ Anneke zegt dat ze van appeltaart houdt.

1 Piet zegt: 'Ik verdien niet genoeg.'
2 Mijn ouders zeggen: 'Je moet hard werken.'
3 De leraar vraagt: 'Heeft Jan hard gewerkt?'
4 Mijn broer zegt: 'Ik ga een nieuwe auto kopen.'
5 De buren zeggen: 'Die hond blaft te veel.'
6 De kinderen vragen: 'Gaat de poes mee op vakantie?'

Exercise 3

Put the infinitive into the simple past tense.

We (gaan) naar het theater om het nieuwe toneelstuk
te zien. Ik (vinden) het goed geacteerd, maar mijn
vriendin (vinden) het saai. Zij (willen) na de pauze
al naar huis gaan, maar ik (zeggen) dat ik (willen)
blijven. De kaartjes (zijn) duur en ik (hebben) het naar
mijn zin. Mijn vriendin (blijven) toch tot het einde en
(zijn) erg blij omdat ze een hele bekende acteur (zien)
onder het publiek.

Exercise 4

Fill in the gaps:

Als ik geld had, … ik een maand met vakantie gaan. Ik
zou …. Spanje gaan … mijn Spaans te gebruiken. Het
enige probleem is dat ik niemand ken … mee zou
kunnen gaan. Ik denk dat ik … erg alleen zou voelen.
Er … wel eens gezegd dat je met een goed boek nooit
alleen bent, maar ik … het niet. Een maand … wel erg
lang. Ik … natuurlijk iemand kunnen zoeken … twee
weken vrij … nemen. Dan … ik voor ons allebei
kunnen betalen, als ik zelf maar twee weken weg zou
blijven.

Helaas … ik geen geld. Misschien moet ik iemand
zoeken … mij meeneemt!

12

Reading practice

Een reis door Europa

Toen ik een uitnodiging ontving voor een bruiloft in Verona, Italië, was ik heel enthousiast. Ik kon de trein nemen en een reis door Europa maken! Zo kwam het dat ik op een ochtend in juli vertrok, met een rugzak, een treinpas en een beurs vol euro's. Mijn avontuur begon!

Ik nam een trein van Londen naar Amsterdam en bracht een aangenaam weekend door, fietsend langs de grachten en genietend van heerlijke Nederlandse kazen. Daarna ging ik naar München en verkende ik het gigantische centrale park, de Englischer Garten. Vervolgens reisde ik door de Alpen naar Lyon en daarna naar de westkust van Frankrijk. Het kostte me een paar dagen, maar het landschap was zo spectaculair dat ik dat niet erg vond. Na een stop in Bordeaux om van de beroemde wijn te genieten, stak ik de grens over naar Spanje en reisde ik langs de noordkust, waar ik in San Sebastián stopte voor pintxos en de kathedraal in Santiago de Compostela bezocht. Ik verkende het charmante historische centrum van Lissabon met de tram, bezocht het Prado-museum in Madrid en ontdekte de buitengewone architectuur van Gaudí in Barcelona. Vandaar keerde ik terug naar Frankrijk, waar ik een paar dagen doorbracht in de stijlvolle badplaatsen van de Côte d'Azur.

Toen ik de Italiaanse grens overstak en in Genoa arriveerde, wist ik dat mijn verbluffende reis bijna voorbij was. Maar ik had nog één plaats te bezoeken: de historische en romantische stad Verona. De bruiloft was ongelooflijk en ik had een van de beste maaltijden van mijn leven. Het was het perfecte einde van een onvergetelijke reis.

VOCABULARY

de bruiloft	wedding	**verkende**	explored
vertrok	set off	**gigantische**	huge
de rugzak	backpack	**het landschap**	scenery
de treinpas	rail pass	**spectaculair**	spectacular
aangenaam	enjoyable	**niet erg vond**	didn't mind
de grachten	canals	**charmante**	charming
heerlijke	delicious	**ontdekte**	discovered

A tour of Europe

When I received an invitation to a wedding in Verona, Italy, I was really excited. I could take the train and go on a tour of Europe! So, one morning in July, I set off with a backpack, a rail pass and a wallet full of euros, and began my adventure!

I took a train from London to Amsterdam and spent an enjoyable weekend cycling along the canals and trying delicious Dutch cheeses. Then I went to Munich and explored its huge central park, the Englischer Garten. Next, I travelled through the Alps to Lyon and then to the west coast of France. It took several days, but the scenery was so spectacular that I didn't mind. After stopping in Bordeaux to enjoy its famous wine, I crossed the border into Spain and travelled along the north coast, stopping to try pintxos in San Sebastián and visit the cathedral in Santiago de Compostela. I explored Lisbon's charming old town by tram, visited the Prado museum in Madrid, and discovered the extraordinary architecture of Gaudí in Barcelona. From there, I returned to France and spent a few days in the stylish seaside resorts of the Côte d'Azur.

When I crossed the Italian border and arrived in Genoa, I knew my amazing tour was almost over. But I had one place left to visit: the historic and romantic city of Verona. The wedding was incredible and I had one of the best meals of my life. It was the perfect end to an unforgettable trip.

buitengewone	extraordinary
de architectuur	architecture
stijlvolle	stylish
de badplaatsen	seaside resorts
ongelooflijk	incredible
onvergetelijke	unforgettable

Key to exercises

Exercise 2: treinen, leeuwen, boeren, peren, poten, buren, pennen, tuinen, bussen, boten, potten, straten, mannen, deuren, manen.

Exercise 3: 1 Is the man nice? 2 You are crazy. 3 I am very ill. 4 She is ill too. 5 Are you tired? 6 We are also tired. 7 The neighbours are very kind. 8 They are very nice. 9 You are very kind. 10 You are sly.

Exercise 4: 1 He has a house. 2 It has a garden. 3 Do the neighbours have a boat? 4 We have a garden and a boat. 5 Do you have an umbrella? 6 I have a pear. 7 You have a sore throat. 8 Does the farmer have a lion in the garden? 9 Lions have paws. 10 Do you have a pen?

Exercise 5: 1 Zijn de buren vriendelijk? 2 Hij is aardig. 3 Zij is erg ziek. 4 Wij hebben een huis en een tuin. 5 Het huis is nieuw. 6 Heeft u een dier in de tuin? 7 Ja, ik heb een leeuw. 8 Jij hebt een pen en een paraplu. 9 Zij zijn allebei nieuw. 10 Jullie zijn moe en ziek. 11 Ik ben ook ziek. 12 U bent erg mooi. 13 De maan is ook mooi. 14 Zij hebben een boot. 15 Heb jij ook een boot?

Exercise 1: 1 The man is very large. 2 The girl is little. 3 The houses are much too big. 4 The woman has a wig. 5 The neighbours have a child. 6 It is a girl. 7 The girl is sitting in the garden. 8 The shoes are a bit worn out. 9 The animal is not friendly. 10 It is sly.

Exercise 2: 1 This house has a garden. 2 That house is too small. 3 Those houses are very large. 4 This dress is too short. 5 These shoes are a bit big. 6 Those shoes are much too small. 7 Do you see this boy and this girl? 8 They are very nice. 9 Those are the neighbours. 10 That one is nice, but that one is not so friendly.

Exercise 3: 1 Deze jongen heeft een boot. 2 Dat meisje heeft een pen. 3 Deze mannen zijn erg vriendelijk. 4 Die vrouwen zijn ook vriendelijk. 5 Dit huis is groot, maar dat huis is klein. 6 Die tuin is te groot. 7 Die schoenen zijn erg duur. 8 Die jurk is te kort, maar deze is erg mooi. 9 Dit zijn de buren. 10 Ze zijn niet erg aardig. 11 Dat dier daar is een leeuw. 12 Dit is de boer. 13 Hij zit in een boot. 14 Deze boot is nieuw en die ook. 15 Deze vrouwen zijn allebei moe.

Exercise 4: 1 I have two pens. 2 The farmer has a lot of carrots. 3 Wolves and lions are animals. 4 Houses have roofs. 5 The towns have many roads and streets. 6 Those women have very many books. 7 Students always have a lot of books. 8 Biographies are not always dull.

Exercise 5: 1 These are the boys and girls of the neighbour. 2 She has two aunts and two uncles. 3 These photographs are very good. 4 The fathers and mothers of those children both have many ambitions. 5 Those songs are very beautiful. 6 These umbrellas are large. 7 The city has many trams. 8 Those tables are new.

Exercise 6: 1 The librarian (f.) has many novels. 2 The author (f.) has two houses. 3 The teacher (f.) is very nice. 4 This is my personal assistant (f.). 5 The father of the student (f.) has a boat. 6 The farmers' wives are friendly. 7 Are princesses always beautiful? 8 The Englishwoman is ill: she has a fever.

Exercise 7: 1 Deze peren zijn duur. 2 Ik heb twee jurken. 3 Zijn die romans saai? 4 De schrijfster heeft veel boeken. 5 Biografieën zijn moeilijk. 6 De Nederlandse heeft twee kinderen. 7 Verplegers/Verpleegsters zijn altijd vriendelijk. 8 De foto's van de leeuwin zijn erg goed. 9 De jongens en meisjes zijn in de tuin. 10 Zijn de wegen hier goed? 11 Zie je die rokken in de etalage? 12 Ik heb een boek over schepen en boten. 13 Is de lerares erg moe? 14 Tantes en ooms zijn aardig.

WEEK 3

Exercise 1: 1 ik lig, hij/zij ligt 2 ik woon, hij/zij woont 3 ik praat, hij/zij praat 4 ik drink, hij/zij drinkt 5 ik word, hij/zij wordt 6 ik zit, hij/zij zit 7 ik rij(d), hij/zij rij(dt) 8 ik kom, hij/zij komt 9 ik sla, hij/zij slaat 10 ik zie, hij/zij ziet 11 ik hou(d), hij/zij hou(dt) 12 ik ga, hij/zij gaat

Exercise 2: 1 We live in London. 2 Where do you live? 3 He lies in bed. 4 Do you drink a lot of coffee? 5 I think it's a very pleasant party. 6 They are sitting in the garden behind the house. 7 She talks a lot. 8 Who lives in that house? 9 We like parties. 10 What do you think of the wine in this restaurant?

Exercise 3: 1 Where are the students going? 2 Do you see the children over there? 3 They are standing in front of the house. 4 I come from London. 5 Where do you come from? 6 What are we doing this evening? 7 Do you always go to that restaurant? 8 She sees the neighbour (f.) in the bus. 9 Goodbye. I'm going home. 10 This boy never hits the dog.

Exercise 4: 1 Wat doe je na het feest? 2 Ik ga naar huis. 3 Waar komen zij vandaan? 4 Wij wonen in dat huis. 5 Waarom zitten jullie in de tuin? 6 Ik lees een boek. 7 Kent u Amsterdam? 8 Zij blijft thuis. 9 Wat drinken de kinderen? 10 Wie staat daar? 11 De bibliothecaresse houdt van feesten. 12 Je praat vanavond veel.

REVISION EXERCISES

Exercise 1: 1 De meisjes zijn aardig. 2 Wonen de studenten in Rotterdam? 3 De jurken zijn te kort. 4 Hebben jullie misschien hoofdpijn? 5 Dit zijn de jongens. 6 Leeuwen zijn dieren. 7 De kinderen gaan naar huis. 8 Wie zijn die mannen?

Exercise 2: 1 Tante woont in Den Haag. 2 Het kind leest een boek. 3 Zie je die man daar? 4 Wanneer gaan we naar Amsterdam? 5 Jullie praten te veel. 6 Welk huis bedoel je? 7 De studenten drinken bier. 8 Ik houd van feesten.

Exercise 3: 1 Deze romans zijn saai. 2 Hoe vind je dit restaurant? 3 Dit huis heeft een tuin. 4 Ik vind deze schrijver erg goed. 5 Deze schoenen zijn veel te klein. 6 Deze huizen zijn te duur. 7 Houd je van deze wijn? 8 Deze jongen woont in Leiden. 9 Dit meisje houdt van dieren. 10 Deze meisjes en deze jongens zijn erg vriendelijk.

Exercise 4: 1 Wie is die man? 2 Ken je die vrouw daar? 3 Ze woont in dat huis. 4 Dat kind is erg moe. 5 Bent u de moeder van die kinderen? 6 Ik vind die stad erg mooi. 7 Zie je die jurk in de etalage? 8 Dat restaurant is veel te duur. 9 Heeft u dat boek? 10 Die boeken zijn te moeilijk.

Exercise 5: 1 Waar kom je/komt u vandaan? 2 Waar gaan jullie naartoe. 3 Houd je van wijn? 4 Waar woont meneer de Vries? 5 Wanneer komt ze op bezoek? 6 Vindt hij het restaurant gezellig?

Exercise 6: 1 Ja, ik drink altijd koffie. 2 Ja, ik ga vanavond naar het restaurant. 3 Ja, ik zit de hele dag hier. 4 Ja, ik praat over de buren. 5 Ja, ik woon in dat huis. 6 Ja, ik houd van lezen. 7 Ja, ik heb hoofdpijn. 8 Ja, ik ben ziek.

Exercise 7: ziek; hebben; zijn; ze; in; komt; naar; thuis.

WEEK 4

Exercise 1: 1 Read that book. 2 But I don't like novels. 3 Those people don't have a car. 4 She isn't coming by bicycle – she's coming by tram.
5 You don't eat meat, do you? 6 Do you really not know that? 7 The children don't play in the street.
8 Tomorrow we are going to the beach by train.
9 This bus doesn't stop in Beatrix Street.
10 I like sitting in the garden in summer.

Exercise 2: 1 Wij gaan morgen naar huis. 2 Ik zwem in de winter niet in zee. 3 De Engelsman komt vandaag op bezoek. 4 Ze zit hier altijd. 5 Zij wonen daar, nietwaar? 6 De jongens spelen graag buiten in de zomer. 7 Nee, ik blijf vanavond niet thuis.
8 Ik weet dat niet. 9 De tram stopt niet op het Koningsplein. 10 Die man is niet aardig.

Exercise 3: 1 Doe dat. 2 Doe dat niet or Niet doen. 3 Blijft u hier or Blijf hier. 4 Hij is op kantoor. 5 We gaan met de trein naar Amsterdam. 6 Ze leest dat boek in het Nederlands. 7 Ze komen vanavond niet naar het feest. 8 Hij is hoogleraar in de geschiedenis, nietwaar? 9 Nee, ik ben geen hoogleraar in de geschiedenis. 10 Drinken jullie geen wijn? 11 Die bus stopt hier niet. 12 Ik lig graag in bad. 13 De poes is niet boven. 14 Hebben ze geen tuin? 15 Speel niet op straat: het is te gevaarlijk.

Exercise 4: 1 They always see us in the café. 2 Give me a cup of tea. 3 Here is the letter. She'll get it tomorrow. 4 We are doing it for you. 5 He gives the present to her. 6 There are the neighbours' children. The cat likes playing with them. 7 The books are on the table. Do you see them? 8 Is the garden behind the house? No, it's in front of it. 9 What are you doing with that bicycle? I am riding to town on it. 10 What is the girl doing with the pen? She is writing with it.

Exercise 5: 1 She has the children with her. 2 They have a lot of money on them. 3 Do you have a mobile with you? 4 We don't have any photographs with us. 5 Do you feel tired? 6 He is bored at the office. 7 You are enjoying yourself at the party, aren't you? 8 We're not in a hurry. 9 Doesn't she like apple cake? I'm amazed. 10 Have a wash immediately!

Exercise 6: 1 We zien jullie altijd in de bus.
2 Die appeltaart is lekker. Waar koop je hem?
3 Hoe voelt u zich? 4 De kinderen geven ons een cadeau. 5 Geef dat kopje koffie aan mij.
6 Daar staat de auto – zie je hem? 7 Wij eten bij hen. 8 Ik geef je de pen en jij schrijft ermee.
9 Daar is de bibliothecaresse. Kennen jullie haar? 10 De kinderen gedragen zich goed.
11 U houdt van romans, nietwaar? Leest u ze altijd? 12 Hebben jullie geld bij je? 13 Ze wast zich boven. 14 We amuseren ons hier op het terrasje voor het café. 15 Ik herinner me die man.

WEEK 5

Exercise 1: 1 This car is ours. 2 These books are theirs. 3 This piece of cake is hers. 4 Those bicycles are ours. 5 This cup of tea is yours. 6 This newspaper is mine. 7 That umbrella is yours.
8 That money is his.

1 Deze auto is de onze. 2 Deze boeken zijn de hunne. 3 Dit stuk taart is het hare. 4 Die fietsen zijn de onze. 5 Dit kopje thee is het jouwe.
6 Deze krant is de mijne. 7 Die paraplu is de uwe. 8 Het geld is het zijne.

Exercise 2: 1 Do you know my husband? 2 His wife is very nice. 3 Your newspaper is on the table.
4 Do you have your mobile with you? 5 Her shoes are on the floor. 6 Our suitcases are there on the platform. 7 I think their garden is very beautiful.
8 Where is your car?

Exercise 3: 1 I have my mother's car this evening. 2 Her brother's girlfriend comes from Utrecht. 3 The neighbours' cat plays in our garden. 4 He has his sister's bicycle. 5 They need money. 6 Do you need a pen? Take mine. 7 That book of yours is on the chair. 8 I'm looking for a bag. Where is yours?

Exercise 4: 1 Hier zijn je pakjes. 2 Mijn koffer staat daar. 3 Kennen jullie hun dochter? 4 Zijn die kinderen van haar? 5 Ons huis is veel te groot voor ons. 6 We hebben uw treinkaartjes. Wie heeft die van ons? 7 Zijn vrouw is erg vriendelijk. Ken je haar?

Exercise 5: gemaakt, geklopt, gebeld, verteld, gewerkt, gekookt, ontmoet, beloofd, verhuisd, gebrand.

Exercise 6: 1 She took a photograph of the house yesterday. 2 We talked about everything. 3 My brother cooked this evening. 4 Have you always lived in Utrecht? 5 What a shame! You've missed the train. 6 The children have built a little house in the garden. 7 I've burned the pile of wood. 8 Grandpa rang yesterday. 9 Did you tell your mother everything? 10 They met her in the park. 11 Yesterday he played in the street with his friends. 12 Afterwards he studied at home.

Exercise 7: 1 Ik heb gisteren hard gewerkt. 2 Jullie hebben in Holland gewoond, niet waar? 3 Ze heeft die jurk zelf gemaakt. 4 Ze hebben een foto van ons huis gemaakt. 5 Wie heeft ze op het station ontmoet? 6 Ik heb me verbaasd. / Ik was verbaasd. 7 Hij heeft ons over het feest verteld. 8 Heeft u er iets over gehoord? 9 We hebben het altijd geloofd. 10 Ik heb me gisteren erg moe gevoeld. / Ik was gisteren erg moe.

WEEK 6

Exercise 1: gekomen, gehad, gelegen, gegaan, geweest, gelezen, gegeten, gekocht, geschreven, gedacht, gebleven, gedaan.

Exercise 2: 1 Did you stay at home yesterday? 2 The children have already done their homework. 3 The librarian has written a book himself. 4 Why didn't you come? 5 I have read very many books. 6 Did you eat in that restaurant yesterday? 7 We went to the cinema today. 8 We both walked. 9 You've been very busy, haven't you? 10 She has already seen that film. 11 The neighbours' son passed his exam. 12 My brother was in town this morning.

Exercise 3: 1 Waarom bent u met de bus gekomen? 2 Ze zijn naar het station gereden. 3 Ik ben gisteren de stad in gelopen. 4 Zijn jullie al in het museum geweest? 5 Wat heeft ze in de stad gekocht? 6 Wie heb je in het park gezien? 7 We zijn vandaag thuis gebleven. 8 Mijn zus heeft vanochtend een auto gekocht. 9 De poes heeft in de zon gelegen. 10 Waar hebben jullie 's avonds gegeten?

REVISION EXERCISES

Exercise 1: 1 Nee, ze komt vanavond niet.
2 Nee, mijn oom woont niet in Amsterdam.
3 Nee, de kinderen spelen niet buiten.
4 Nee, meneer Smit is niet thuis. 5 Nee, ik heb geen fiets. 6 Nee, de jongens zijn niet aardig.
7 Nee, we gaan niet met de bus. 8 Nee, Jan zit niet op het strand. 9 Nee, de buurvrouw heeft geen poes. 10 Nee, het kind heeft geen koorts.

Exercise 2: 1 Morgen gaan de studenten naar de stad. 2 Vandaag heb ik het ontzettend druk.
3 Deze keer neem ik een kopje thee met citroen.
4 De hele middag zit hij in de bibliotheek.
5 Vanavond komen de buren op bezoek.

Exercise 3: 1 Ik zie haar altijd in de bus.
2 Hij praat met haar. 3 Zij gaan vanavond naar een restaurant. 4 Zij gaat met hen naar het restaurant. 5 Vind je hem aardig?

Exercise 4: 1 Hij geeft het aan haar. 2 Ze spelen met haar. 3 Hij speelt ermee. 4 Geef hem aan hem.
5 Hij ligt erachter. 6 Ik zie hen daar. 7 Hebben jullie alles aan hen verteld? 8 Zit hij erin?

Exercise 5: gewoond, gemaakt, gehoord, gebeld, gemist, geloofd, verhuisd, gepraat, gebleven, gegeten, gegaan, vertrokken, geschreven, gekomen, gelegen.

Exercise 6: 1 Hebben 2 ben 3 ben 4 hebben 5 is
6 zijn 7 Heeft 8 heeft

Exercise 7: ben; met; want; in; hebben; gekocht;
vindt; naar; in; gegeten; we; geld; de; zijn; trein;
ons.

Exercise 8: These are model answers for this open
exercise.
1 Nee, ik verveel me nooit in de stad.
2 Ja, ik reis altijd met de trein. 3 Ja, ik houd erg
veel van appeltaart. 4 Nee, ik heb geen auto.
5 Ik heb het ontzettend druk. 6 (Mij gaat het)
goed, dank je. 7 Gisteren heb ik gewerkt. 8 Ik heb
koffie gedronken. 9 Ja, mijn buren zijn heel
vriendelijk. 10 Nee, ik schrijf nooit brieven. Ik bel
de mensen op.

WEEK 7

Exercise 1: 1 I have a large living room. 2 They have new curtains and a new carpet. 3 It's lovely weather today. 4 My father needs a new car. 5 Do you feel like a nice glass of beer? 6 What a splendid view! 7 We don't like dark colours. 8 My sister thinks white walls are pretty.

Exercise 2: 1 The bedroom is much bigger than the kitchen. 2 I think this carpet is prettier than that one. 3 My brother thinks coffee is nicer than tea. 4 Larger houses are also more expensive. 5 I have read a much more interesting biography. 6 Their bathroom is as small as our kitchen. 7 Do you think beer is as nice as wine? 8 Our cat is much thinner than yours.

Exercise 3: 1 Deze kamer heeft grote ramen. 2 Heb je een nieuw vloerkleed? 3 De houten stoel staat in de slaapkamer. 4 Kapotte ramen zijn gevaarlijk. 5 Het is vandaag slecht weer. 6 Wanneer heeft u die witte schoenen gekocht? 7 Ik vind de donkerder kleur mooier. 8 De badkamer is even groot als de keuken.

Exercise 4: 1 het stoeltje 2 het dochtertje 3 het briefje 4 het terrasje 5 het kammetje 6 het filmpje 7 het dagje 8 het tafeltje 9 het woninkje 10 het huisje 11 het balletje 12 het boompje

Exercise 5: 1 This is the smallest kitten. 2 Their youngest child has a new bicycle. 3 I think this room is the loveliest. 4 Most people have a computer nowadays. 5 My little son sings the best. 6 I didn't buy the most expensive shoes. 7 Did you read the note? 8 This author writes very well. 9 He likes red wine best. 10 They like eating dessert best of all.

Exercise 6: 1 Dit is de goedkoopste auto. 2 Neem het grootste stukje. 3 We zijn naar het beste restaurant gegaan. 4 Jullie tuintje is erg mooi. 5 Ze drinkt altijd de duurste wijn. 6 Dit kleine hondje rent het snelst. 7 Dank je voor het cadeautje. 8 Heeft u mijn briefje gekregen?

WEEK 8

Exercise 1: 1 I want to eat here. 2 We can't come this evening. 3 She must go home by taxi. 4 You may not smoke in this compartment. 5 We want a double room with a bath. 6 May I sit at this table? 7 Can you just do this for me? 8 They must certainly visit the museum. 9 I'm sorry, but it's not allowed. 10 Do you want red or white wine?

Exercise 2: 1 She had to go early. 2 Weren't you able to come yesterday? 3 What did you want to buy? 4 I had to work hard. 5 The children were not allowed to play here. 6 We couldn't find anything nice. 7 It wasn't possible. 8 We weren't allowed to do that. 9 Were you able to get a hotel room? 10 I wanted to say something kind, but I didn't succeed.

Exercise 3: 1 Hij kan vandaag niet komen.
2 Mag ik de sleutel hebben? 3 We moeten een nieuwe computer kopen. 4 Deze meneer wil een tweepersoonskamer. 5 Kunt u het meteen doen?
6 Moeten jullie nu naar huis gaan? 7 We hebben iets goedkoops willen kopen. 8 Ze hebben een taxi moeten nemen. 9 Heb je mogen eten? 10 Ik heb die zware koffer niet kunnen dragen.

Exercise 4: 1 His girlfriend is going away today.
2 When is she coming back? 3 I have to ring up tomorrow. 4 Are you going along with us?
5 The nice thing is (that) we'll be seeing each other again soon. 6 Take the key with you. 7 May I get a lift with you? 8 We are picking up our daughter from the station. 9 Can you just shut the door for me? 10 The plane arrives in half an hour.

Exercise 5: 1 She went away this morning.
2 Did the children eat everything up? 3 When did you ring him up? 4 They came back from their holiday yesterday. 5 He embraced her on the platform. 6 My sister collected me by car. 7 This expensive hotel is really only for the rich. 8 The library has already closed. 9 I got a lift with my brother. 10 Did they accept his proposal?

Exercise 6: 1 Ze komen vandaag terug. 2 Wanneer gaat u weg? 3 Bel hem op. 4 Je moet alles opeten.
5 De bibliotheek heeft speciale boeken voor blinden. 6 Hebben ze je van het vliegveld afgehaald? 7 Doe de deur open. 8 Ik heb hem nooit teruggezien. 9 Wat heeft hij voorgesteld?
10 Ze wil met ons meerijden. 11 Ik heb mijn studie afgemaakt. 12 Heb je je broer meegenomen naar het feest?

WEEK 9

Exercise 1: 1 I will ring him up tomorrow. 2 He is going to buy a new pair of trousers. 3 Shall we go to the wedding? 4 What are you going to do now? 5 The children will need some summer clothes. 6 She won't have a cent left over. 7 Why don't they go on a boat trip? 8 The canals will look lovely. 9 Are we going to watch TV? 10 She will never know.

Exercise 2: 1 She is reading. 2 I dare not look. 3 Did you forget to come? 4 They sat talking all evening. 5 Do you hear her calling? 6 He doesn't have to buy any new clothes. 7 I started to read, but the book doesn't interest me. 8 Do you see him sitting in the corner? 9 We went and helped immediately. 10 I had my old coat dry cleaned.

Exercise 3: 1 Wat gaan we doen? 2 Ik zal een nieuwe hoed kopen. 3 Ze zullen haar nooit vergeten. 4 Het boompje begint te groeien. 5 Hij probeerde een das te vinden. 6 Kijken de kinderen naar de televisie? 7 Ik leer hem zwemmen. 8 Heeft u uw jas laten stomen? 9 Je hebt verbaasd staan te kijken. 10 We hebben de buurman in bad horen zingen.

REVISION EXERCISES

Exercise 1: 1 aardig 2 interessant 3 kleine
4 wit 5 dure 6 grote 7 lekker 8 moeilijke

Exercise 2: 1 moeten 2 kunnen 3 mag 4 wil
5 kan 6 willen 7 moet 8 mag 9 wil 10 kunt

Exercise 3: 1 Ik bel haar vaak op. 2 De kinderen
hebben de hele taart opgegeten. 3 Tineke gaat met
ons mee. 4 Mijn broer is gisteren al weggegaan.
5 We zijn hem op straat tegengekomen. 6 Wil je de
deur dichtdoen? 7 Kun je het raam voor mij
opendoen? 8 Ik kom je van het station afhalen.
9 Mag ik met jullie meerijden? 10 We gaan
vanavond uit.

Exercise 4: 1 Ik zal beslist meegaan. 2 We zullen je
van het vliegveld afhalen. 3 Hij zal het vandaag
doen. 4 Welke auto zal zij kopen? 5 Ik zal morgen
de hele dag thuis zijn. 6 Zult u het voorstel
aanvaarden? 7 Je zult niet weggaan, hoop ik?
8 Ze zullen het goed bedoelen.

Exercise 5: Wil; moet; kunt; Moet; wil; kunnen;
blijven.

Exercise 6: 1 Ik heb een taxi willen nemen.
2 Je hebt veel moeten lezen. 3 We hebben vroeg
willen eten. 4 Ze hebben vandaag niet kunnen
komen. 5 Ik heb hard moeten studeren.
6 Ze hebben staan wachten. 7 Ze heeft zitten
lachen. 8 De poes heeft de hele dag liggen
slapen. 9 Hebben jullie niets zitten doen?
10 We hebben naar de radio zitten luisteren.
11 Ik heb haar leren zwemmen. 12 Hij is op het
perron blijven staan. 13 We zijn je in de
tuin komen helpen. 14 Ze is een nieuwe fiets gaan
kopen. 15 Heb je je schoenen laten repareren?

WEEK 10

Exercise 1: 1 They earn a lot and they spend a lot.
2 I like the theatre, but I also go to the cinema.
3 Are you staying at home or are you going out?
4 It's raining, so we're going by car. 5 Do you know
if it's true? 6 I think he's right. 7 She is washing
her hair. 8 If it's possible, we want to go to the
theatre this evening. 9 She says that they are
eating. 10 When the weather is nice, the children
go and play in the park. 11 His face seems familiar
to me because I've seen him on TV. 12 He says he
laughed a lot because the play is so funny.

Exercise 2: 1 Hij kijkt naar de televisie en zij luistert naar de radio. 2 We zijn de auto aan het wassen. 3 Hij acteert goed, maar hij is niet bekend. 4 Ik denk dat u gelijk heeft. 5 Ze wil weten of je aan het werk bent. 6 Gaan jullie naar een restaurant voordat jullie naar het theater gaan? 7 Als het mooi weer is, zal ik naar het strand gaan. 8 Wanneer het regent, blijf ik thuis. 9 Leer je Frans of spreek je het al? 10 We gaan niet mee want we hebben het toneelstuk al gezien. / We gaan niet mee omdat we het toneelstuk al gezien hebben.

Exercise 3: hoopte, hoopten; groeide, groeiden; bouwde, bouwden; maakte, maakten; leefde, leefden; praatte, praatten; verhuisde, verhuisden; zette, zetten; blafte, blaften; brandde, brandden.

Exercise 4: schreef, schreven; ging, gingen; bracht, brachten; las, lazen; liep, liepen; vroeg, vroegen; stond, stonden; nam, namen; kocht, kochten; hing, hingen.

Exercise 5: 1 We paid and left. 2 It was lovely weather yesterday. 3 They sat talking all evening. 4 You had three kittens, I thought. 5 They were our neighbours when we lived in Utrecht. 6 He had a big garden before he moved house. 7 Were you satisfied when you worked there? 8 We tagged along, got into the car and then drove off. 9 She spoke very kindly to me when she rang up. 10 The boy saved the dog and took it home with him.

Exercise 6: 1 Het was een leuk feest, hè?
2 Jullie hadden een hele oude auto. 3 Ik klopte op
de deur, deed hem open en ging naar binnen.
4 We waren gisteren in de stad. 5 Had je geen
nieuwe fiets? 6 Toen hij ons zag, lachte hij.
7 Ze bouwden een huis en gingen daar wonen.
8 Ik droeg de koffer, zette hem neer en ging erop
zitten. 9 Toen sprak ze alleen Engels. 10 Toen ik
hem de baan aanbood, nam hij hem aan.

Exercise 1: 1 I arrived too early. 2 The train had left on time. 3 Had you already ordered the wine? 4 We had driven ten kilometres. 5 The butcher had given me three 'ons' (= 300 grams) of mince. 6 I had been on a visit to my mother-in-law's in June. 7 She said she had paid twelve euros fifty. 8 They had gone on holiday to Germany in September.

Exercise 2: 1 May I borrow your umbrella? 2 You could go on holiday in August. 3 Could you shut the door, please? 4 If we had enough money, we would go to the film. 5 I would like one and a half pounds of cheese, please. 6 Would that cost more than ten euros? 7 Would you like to make tea? 8 Could I speak to the manager, please?

Exercise 3: 1 Hij had die film al gezien. 2 Ze hadden haar een cadeau gegeven. 3 Had u naar veel banen gesolliciteerd? 4 Zou ik je fiets mogen lenen? 5 Hun huis ligt vijf kilometer van het station vandaan. 6 Ik wou graag een half kilo boter. 7 Hij zei dat hij in Engeland was geweest. 8 Zou je me die pen kunnen geven? 9 Ze zei dat het tweeëntwintig euro's zou kosten. 10 Als ze een auto hadden, zouden ze meegaan.

Exercise 4: 1 They have lived there for years.
2 A girl is walking in the street. 3 He often stays
there. 4 Was there enough bread for breakfast?
5 Here is a knife. Can you cut meat with that?
6 How many stamps do you want? I need three.
7 Do you like coffee? No I don't like it. 8 Another
spoonful of sugar? No thank you, I have enough.
9 Do you have a radio? Yes, but we never listen to
it. 10 Were there many people in the post
office? There were a few.

Exercise 5: 1 The boy who is standing there is my
brother. 2 Those are the people he is staying
with. 3 She refused to go along. 4 I am going to
the post office to buy some stamps. 5 The drawing
that hangs above the sofa is very beautiful. 6 Here
is the little table I got secondhand. 7 It isn't a park
for walking in. 8 These are the flowers she likes the
most. 9 The knives that are lying on the table are
not sharp. 10 Do you see the chair on which the
cat is sitting? It's my sister's.

Exercise 6: 1 Er speelt een katje in de tuin. 2 Heeft
u een postzegel? Ja, ik heb er twee. 3 Waar is de
laptop? De kinderen kijken er een film op.
4 De mensen met wie ze praat, zijn erg
vriendelijk. 5 Het huis waarin ze wonen, is te
groot. 6 Ik heb wat melk nodig. Heb jij wat?
7 Ze hebben er de hele middag gezeten. 8 Neem
het kopje dat op tafel staat. 9 De buren die in het
kleine huis wonen, zijn aardig. 10 Hier is het park
waarin we graag wandelen. 11 Dit is de man aan
wie ik het geld heb gegeven. 12 Hij deed het om
rijk te worden.

Exercise 1: één uur; vijf voor half elf; kwart over negen; half drie; vijf over half vijf; kwart voor twaalf; vijf voor vier; tien over zes; tien over half negen; vijf over vijf.

Exercise 2: 1 The car is being washed. 2 The plate was broken. 3 The TV has been switched on. 4 The radio had been switched off. 5 The children are put to bed by their mother at seven o'clock. 6 Breakfast was prepared by father. 7 Two small kittens have been found in the garden. 8 We are asked to dinner by the neighbours. 9 Were you often taken along to the museum? 10 Music was listened to all evening. / They listened to music all evening. 11 By whom has the house been bought? / Who has bought the house? 12 The doorbell is being rung. / Someone is ringing the doorbell. 13 The crying girl was taken home by the policeman. 14 The dog ran barking through the park.

Exercise 3: 1 Het avondeten wordt klaargemaakt. 2 Mijn pen werd door de leraar geleend. 3 Het katje is door de agente gered. 4 De rekening was door mijn zus betaald. 5 In dit toneelstuk wordt goed geacteerd. 6 Er werd thee gezet. 7 De kaarten zijn allemaal verkocht. 8 Er was veel geld uitgegeven. 9 Is de jurk al eerder gewassen? 10 De slapende hond heeft urenlang op het vloerkleed gelegen.

REVISION EXERCISES

Exercise 1: 1 Ik doe het omdat ik het belangrijk vind. 2 Nadat we gewinkeld hebben, gaan we lunchen. 3 Ik blijf hier todat je je beter voelt. 4 Toen hij jong was, woonde hij in Utrecht. 5 Als je dat leuk vindt, zal ik je meenemen naar het theater. 6 Wanneer het mooi weer is, gaan we in de tuin zitten.

Exercise 2: 1 Piet zegt dat hij niet genoeg verdient. 2 Mijn ouders zeggen dat ik hard moet werken. 3 De leraar vraagt of Jan hard gewerkt heeft. 4 Mijn broer zegt dat hij een nieuwe auto gaat kopen. 5 De buren zeggen dat die hond te veel blaft. 6 De kinderen vragen of de poes meegaat op vakantie.

Exercise 3: gingen; vond; vond; wou/wilde; zei; wou/wilde; waren; had; bleef; was; zag.

Exercise 4: zou; naar; om; die; me; wordt; weet; is; zou; die; kan; zou; heb; die.

COMMONLY USED STRONG AND IRREGULAR VERBS

INFINITIVE		SIMPLE PAST	PAST PARTICIPLE
beginnen	begin	**begon, begonnen**	**begonnen**
begrijpen	understand	**begreep, begrepen**	**begrepen**
bieden	offer	**bood, boden**	**geboden**
binden	bind	**bond, bonden**	**gebonden**
blijken	turn out to be	**bleek, bleken**	**gebleken**
blijven	remain	**bleef, bleven**	**gebleven**
breken	break	**brak, braken**	**gebroken**
brengen	bring	**bracht, brachten**	**gebracht**
denken	think	**dacht, dachten**	**gedacht**
doen	do	**deed, deden**	**gedaan**
dragen	carry	**droeg, droegen**	**gedragen**
drinken	drink	**dronk, dronken**	**gedronken**
eten	eat	**at, aten**	**gegeten**
gaan	go	**ging, gingen**	**gegaan**
geven	give	**gaf, gaven**	**gegeven**
hangen	hang	**hing, hingen**	**gehangen**
hebben	have	**had, hadden**	**gehad**
helpen	help	**hielp, hielpen**	**geholpen**
heten	be called	**heette, heetten**	**geheten**
houden	hold	**hield, hielden**	**gehouden**
kijken	look	**keek, keken**	**gekeken**
komen	come	**kwam, kwamen**	**gekomen**
kopen	buy	**kocht, kochten**	**gekocht**
krijgen	get	**kreeg, kregen**	**gekregen**
kunnen	can, be able	**kon, konden**	**gekund**
lachen	laugh	**lachte, lachten**	**gelachen**
laten	let	**liet, lieten**	**gelaten**

INFINITIVE		SIMPLE PAST	PAST PARTICIPLE
lezen	read	las, lazen	gelezen
liggen	lie	lag, lagen	gelegen
lopen	walk	liep, liepen	gelopen
moeten	must, have to	moest, moesten	gemoeten
mogen	may	mocht, mochten	gemogen
nemen	take	nam, namen	genomen
raden	advise; guess	ried, rieden/ raadde, raadden	geraden
rijden	ride	reed, reden	gereden
roepen	call, shout	riep, riepen	geroepen
schrijven	write	schreef, schreven	geschreven
slaan	hit	sloeg, sloegen	geslagen
slapen	sleep	sliep, sliepen	geslapen
smijten	throw	smeet, smeten	gesmeten
snijden	cut	sneed, sneden	gesneden
spreken	speak	sprak, spraken	gesproken
springen	jump	sprong, sprongen	gesprongen
staan	stand	stond, stonden	gestaan
stelen	steal	stal, stalen	gestolen
sterven	die	stierf, stierven	gestorven
stinken	stink	stonk, stonken	gestonken
trekken	pull	trok, trokken	getrokken
vallen	fall	viel, vielen	gevallen
vangen	catch	ving, vingen	gevangen
vergeten	forget	vergat, vergaten	vergeten
verliezen	lose	verloor, verloren	verloren
vinden	find	vond, vonden	gevonden
vragen	ask	vroeg, vroegen	gevraagd
wassen	wash	waste, wasten	gewassen

INFINITIVE		SIMPLE PAST	PAST PARTICIPLE
weten	know	**wist, wisten**	**geweten**
wijzen	point	**wees, wezen**	**gewezen**
willen	want	**wou/wilde, wilden**	**gewild**
worden	become	**werd, werden**	**geworden**
zeggen	say	**zei, zeiden**	**gezegd**
zenden	send	**zond, zonden**	**gezonden**
zien	see	**zag, zagen**	**gezien**
zijn	be	**was, waren**	**geweest**
zingen	sing	**zong, zongen**	**gezongen**
zitten	sit	**zat, zaten**	**gezeten**
zoeken	look for	**zocht, zochten**	**gezocht**
zwemmen	swim	**zwom, zwommen**	**gezwommen**

Mini-dictionary

This mini-dictionary contains the most important words found in the course, plus others that you may find useful. The translation given is based on the context in which the word appears in the lessons. See sections 11.3–11.4 for the numbers, months of the year, and days of the week.

ENGLISH–DUTCH

(to be) able kunnen
about ongeveer
above boven, over
above all vooral
(to) accept accepteren, aanvaarden
according to volgens
actor de acteur/actrice
actually eigenlijk
address het adres
(to) admire bewonderen
advantage het voordeel
advert de reclame/advertentie
advertising de reclame
aeroplane het vliegtuig
afraid bang
after na; nadat
against tegen
ago geleden
airport het vliegveld
all alle, allemaal
(to be) allowed mogen
almost bijna
alone alleen
along langs
already al
also ook
always altijd
amazed verbaasd
ambition de ambitie
American Amerikaans
American man/woman
  de Amerikaan/Amerikaanse
amount het bedrag
angry boos
animal het dier
(to) answer antwoorden

apple de appel
apple cake de appeltaart
(to) apply solliciteren
appointment de afspraak
area het gebied
argument de ruzie
arm de arm
(to) arrive aankomen
art gallery het museum
as als
(to) ask vragen
at aan, bij, om
audience het publiek
aunt de tante
autumn het najaar
awake wakker
awful vreselijk

baby de baby
back (part of the body) de rug
bad slecht, erg
bag de tas
baker de bakker/bakkerin
bald kaal
ball de bal
bank de bank
bath het bad
bathroom de badkamer
(to) be zijn
beach het strand
beautiful mooi
because want, omdat
(to) become worden
bed het bed
bedroom de slaapkamer
beer het bier

before eerder
(to) begin beginnen
(to) behave zich gedragen
behind achter
(to) believe geloven
below beneden
beside naast
better beter
bicycle de fiets
big groot
(a) bit een beetje
black zwart
blind blind
blue blauw
boat de boot
boat trip de boottocht
book het boek
border de grens
(to be) bored zich vervelen
boring vervelend, saai
(to be) born geboren
boss de chef/cheffin, de baas/bazin
both beide, allebei
bottle de fles
box de doos
boy de jongen
bread het brood
bread roll het broodje
(to) break breken
(to) break in inbreken
(to) break off (a relationship) uitmaken
breakfast het ontbijt
bridge de brug
(to) bring brengen
British Brits
British man/woman de Brit/Britse
broad breed
brother de broer
brown bruin
building het gebouw
(to) burn branden
bus de bus
business het bedrijf, de zaak
busy druk, bezig
but maar

butcher de slager/slagerin
butter de boter
(to) buy kopen

café het café
café terrace het terrasje
cake de taart
(to) calculate rekenen
(to) call (out) roepen
camera het fototoestel
car de auto
car door het portier
card de kaart
(to) carry dragen
case (instance) het geval;
  (suitcase) de koffer
cat de kat, poes
centre het centrum
certain zeker
chair de stoel
(to) change veranderen; wisselen
cheap goedkoop
cheese de kaas
child het kind
chips de friet, patat
chocolate de chocola(de)
cinema de bioscoop
citizen de burger
clear duidelijk
clever knap, slim
(to) close dichtdoen, dichtgaan
close to/by dichtbij
closed gesloten
clothes de kleren
coat de jas
coffee de koffie
(to) collect afhalen
colour de kleur
(to) come komen
(to) come across tegenkomen
(to) come back terugkomen
(to) come towards
  tegemoetkomen
company de firma, het bedrijf
(to) compare vergelijken
complaint de klacht

(to) complete afmaken
computer de computer
concerning betreffende
concert het concert
consumer de consument
contented tevreden
(to) continue doorgaan
(to) cook koken
corner de hoek
correct juist
cosy gezellig
cough de hoest
counter de toonbank
country het land
cow de koe
(to) cry huilen
cup het kopje
curtain het gordijn
customer de klant
(to) cut snijden

dangerous gevaarlijk
(to) dare durven
dark donker
date de datum; **(year)** het jaartal
daughter de dochter
day de dag
day out het uitstapje, dagje uit
dead dood
(to) decide beslissen
(to) declare verklaren
definitely beslist
(to) depart vertrekken
department de afdeling
department store
  het warenhuis
(to) describe beschrijven
dessert het toetje
diary de agenda
(to) die sterven
difficult moeilijk
direction de richting
disadvantage het nadeel
(to) do doen
doctor de dokter, de arts
dog de hond

door de deur
double room
  de tweepersoonskamer
downstairs beneden
drawing de tekening
dress de jurk
(to) dress (zich) aankleden
(to) drink drinken
(to) drive rijden
(to) drive away wegrijden
dry dry
(to) dry clean stomen
dull saai
Dutch Nederlands
Dutch man/woman
  de Nederlander/Nederlandse
duty de plicht

each elk
each other elkaar
early vroeg
(to) earn verdienen
easy makkelijk
(to) eat eten
(to) eat up opeten
egg het ei
(to) embrace omarmen
empty leeg
end het einde
engine de motor
English Engels
English man/woman
  de Engelsman/Engelse
(to) enjoy oneself zich amuseren
enough genoeg
entrance de ingang
equal gelijk
(to) escape ontsnappen
evening de avond
evening meal het avondeten
everyone iedereen
everything alles
evil het kwaad
exact precies
exam het examen
example het voorbeeld

excellent uitstekend
except behalve
excuse me pardon
exit de uitgang
expensive duur
experience de ervaring
(to) explain verklaren
eye het oog

face het gezicht
(to) fall vallen
family (nuclear) het gezin;
  (extended) de familie
far ver
farmer de boer/boerin
fast snel
fat dik, vet
father de vader
father-in-law de schoonvader
(to) feel voelen
(to) feel like zin hebben in
feeling het gevoel
(to) fetch halen, afhalen
fever de koorts
(to) fill up with petrol tanken
filling station tankstation
film de film
(to) find vinden
fine fijn, mooi
(to) finish afmaken
firm de firma
first eerst
fish de vis
flat (apartment) de flat, woning
flower de bloem
(to) follow volgen
food het eten
foot de voet
for want; voor
foreign vreemd
(to) forget vergeten
fork de vork
free vrij, gratis
French Frans
French man/woman
  de Fransman/Franse

fresh vers
fridge de koelkast
friend de vriend/vriendin
friendly aardig, vriendelijk
fruit het fruit
full vol
fun de pret
funny grappig
furthermore bovendien

garden de tuin
gentleman de meneer, heer
German Duits
German man/woman
  de Duitser/Duitse
(to) get krijgen
girl het meisje
girlfriend de vriendin
(to) give geven
(to) give up opgeven
gladly graag
glass het glas
glasses de bril
(to) go gaan
(to) go away weggaan
(to) go back teruggaan
(to) go out uitgaan
(to) go past voorbijgaan
(to) go with meegaan
gold goud
good goed
good afternoon goedemiddag
good evening goedenavond
good-looking knap
good morning goedemorgen
goodbye dag
grandma de oma
grandpa de opa
great fijn, prima
green groen
group de groep
(to) grow groeien
growth de groei

hair het haar
half de helft

hand de hand
(to) hang hangen
(to) happen gebeuren
happy blij, gelukkig, tevreden, vrolijk
hard hard
hat de hoed
(to) have hebben
(to) have to moeten, hoeven
head het hoofd
headache de hoofdpijn
healthy gezond
(to) hear horen
heavy zwaar
hello dag
(to) help helpen
history de geschiedenis
(to) hit slaan
(to) hold houden
holiday de vakantie
(at) home thuis
homework het huiswerk
hospitable gastvrij
hospital het ziekenhuis
hotel het hotel
hour het uur
house het huis, de woning
how hoe
human being de mens
(to) hurry haasten
husband de man

idea het idee
if als
ill ziek
(to) imagine zich verbeelden
immediately meteen, onmiddellijk
important belangrijk
(to) increase toenemen
indeed inderdaad
inside binnen
(to) intend bedoelen
intentional opzettelijk
interest de belangstelling
(to) interest interesseren

interesting interessant
interval de pauze
(to) introduce voorstellen
(to) invite uitnodigen

jacket het jasje
job de baan, betrekking
journey de reis
jumper (sweater) de trui
just even, net, pas

(to) keep houden
key de sleutel
(to) kill ombrengen
kind (nice) aardig, vriendelijk
kitchen de keuken
knife het mes
(to) knock kloppen
(to) know weten, kennen
knowledge de kennis

lady de dame, mevrouw
large groot
(to) last duren
late laat
(to) laugh lachen
leaf het blad
(to) learn leren
least minst
(at) least minstens
leather het leer
(to) leave (let) laten;
  (depart) vertrekken
left links, linksaf
left hand de linkerhand
leg het been;
  (of animal/table) de poot
lesson de les
(to) let laten
letter de brief
lettuce de sla
library de bibliotheek
(to) lie liggen
life het leven
light het licht
light (adj.) licht

(to) **listen** luisteren
little klein
(a) **little** een beetje
(to) **live** leven, wonen
living room de woonkamer
loaf het brood
long lang
loo de wc, het toilet
(to) **look** eruitzien; kijken
(to) **look at** bekijken
(to) **look for** zoeken
(to) **look up** opkijken
(to) **lose** verliezen
loud hard, luid
love de liefde
(to) **love** houden van
lovely mooi
lunch de lunch
(to have) **lunch** lunchen

mad (insane) gek
magazine het blad, tijdschrift
(to) **make** maken
man de man
manager de manager
map de kaart, plattegrond
market de markt
marriage het huwelijk
(to get) **married** trouwen
(I, you, etc.) **may** mogen
(to) **mean** bedoelen, betekenen
meaning de zin
meat het vlees
(to) **meet** ontmoeten
midday de middag
milk de melk
minced meat het gehakt
mirror de spiegel
(to) **miss** missen
mistake de fout;
   (to make a) zich vergissen
mobile phone mobieltje
moment het ogenblik
money het geld
month de maand
moon de maan

moreover bovendien
morning de morgen, ochtend
mother de moeder
mother-in-law de schoonmoeder
mouth de mond
(to) **move house** verhuizen
Mr meneer
Mrs, Ms mevrouw
much veel
museum het museum
music de muziek
must (have to) moeten

name de naam
nation het volk
natural natuurlijk
necessary nodig
need de behoefte
neighbour de buur, de buurman/
   buurvrouw
neighbourhood de buurt
never nooit
new nieuw
newspaper de krant
nice leuk, prettig; **(kind)** aardig
night de nacht
no one niemand
non-alcoholic niet-alcoholhoudend
normal normaal
north het noord(en)
nose de neus
not niet
note het briefje
nothing niets
(to) **notice** merken
now nu, nou
nowadays tegenwoordig
nowhere nergens
number het aantal
nurse de verpleger/verpleegster

(to) **obtain** (ver-)krijgen
occasion de keer
occupation de werkzaamheid,
   het beroep
of course natuurlijk

of van
offer de aanbieding
(to) offer aanbieden
office het kantoor
office worker de
  kantoormedewerker
often vaak
old oud
on op
one and a half anderhalf
only enig; alleen
open open
(to) open openen, opengaan
(to) open (something) opendoen
or of
(to) order bestellen
ordinary gewoon
other ander
otherwise anders
out uit
outside buiten
over over
own eigen

package het pakje
pain de pijn
pair het paar
paper het papier
parcel het pakje
parent de ouder
park het park
part het deel
particular bijzonder
party het feest
(to) pass passeren
paw de poot
(to) pay betalen, afrekenen
pen de pen
people het volk, de mensen
perhaps misschien
person de mens
(to) persuade overreden
petrol de benzine
petrol station het benzinestation
photograph de foto
piece het stuk

pill de pil
place de plaats
plan het plan
plate het bord
platform het perron
platform 2 spoor 2
play (theatre) het toneelstuk
(to) play spelen
please alstublieft, alsjeblieft
pleasure het plezier
police de politie
police officer de agent/agente
police station het politiebureau
polite beleefd
poor arm
post office het postkantoor
postage stamp de postzegel
pot de pot
potato de aardappel
precise precies
preference de voorkeur
pregnant zwanger
(to) prepare klaarmaken
prescription het recept
present het cadeau(tje)
present (current) huidig
price tag het prijskaartje
prince/princess de prins/prinses
problem het probleem
programme het programma
(to) promise beloven
proposal het voorstel
(to) propose voorstellen
pub de kroeg
(to) publish uitgeven
(to) put leggen, zetten
(to) put/set down neerleggen,
  neerzetten

quarter of an hour het kwartier
queue de rij
quick snel

radio de radio
rain de regen
(to) rain regenen

reaction de reactie
(to) read lezen
ready klaar
(to get) ready klaarmaken
real echt
receptionist de receptionist/
  receptioniste
recipe het recept
red rood
(to) refuse weigeren
region het gebied
relationship de verhouding
(to) remain blijven
(to) remember zich herinneren
repair de reparatie
(to) reserve reserveren
rest de rust
restaurant het restaurant
(to) retire zich terugtrekken;
  met pensioen gaan
return ticket het retour(tje)
rich rijk
(to) ride rijden
right rechts
(to be) right gelijk hebben
(that's) right dat klopt
right hand de rechterhand
(to) ring (the doorbell) aanbellen
(to) ring up opbellen
road de weg
roof het dak
room de kamer
row (line) de rij;
  (argument) ruzie
rule de regel
(to) run rennen
Russian Russisch
Russian man/woman
  de Rus/Russin

sadly helaas
salad de salade, sla
(the) same dezelfde, hetzelfde
satisfied tevreden
(to) save redden
(to) say zeggen

scarf de das
sea de zee
secondhand tweedehands
(to) see zien
(to) see again terugzien
(to) seem lijken, schijnen
self zelf
(to) sell verkopen
(this) sense (in) deze zin
sentence de zin
(to) serve dienen
service de dienst
(What a) shame! Jammer!
sharp scherp
sheet het laken
ship het schip
shirt het hemd
shoe de schoen
shop de winkel
(to) shop winkelen
shop assistant de verkoper/
  verkoopster, de winkelbediende
shop window de etalage
short kort
shortly binnenkort
shower de douche
shut dicht
(to) shut dichtgaan
(to) shut (something) dichtdoen
side de kant
silver het zilver
(to) sing zingen
single room eenpersoonskamer
sister de zus
(to) sit zitten
skirt de rok
(to) sleep slapen
slow langzaam
small klein
(to) smell ruiken
(to) smoke roken
so zo
soft zacht
some sommige
something iets
sometimes soms

somewhere ergens
son de zoon
song het lied
soon gauw, binnenkort
sophisticated deftig
sore throat de keelpijn
(I'm) sorry het spijt me
  (spijt = regret)
sort het soort
(to) sound klinken
Spanish Spaans
Spanish man/woman
  de Spanjaard/Spaanse
(to) speak spreken
special bijzonder, speciaal
spectacles de bril
(to) spend uitgeven
spoon de lepel
sport de sport
spring de lente, het voorjaar
square het plein
staff het personeel
stage het toneel
(to) stand staan
star de ster
station het station
(to) stay blijven, logeren
steak de biefstuk
(to) steal stelen
steering wheel het stuur
still nog
(to) stop stoppen, ophouden
straight recht
strange vreemd
street de straat
strong sterk
student de student/studente
(to) study studeren
stupid dom
(to) succeed lukken, slagen
suddenly ineens, plotseling
sugar de suiker
suit het pak
suitcase de koffer
summer de zomer
sun de zon

supermarket de supermarkt
sure zeker
(to) swallow slikken
sweet zoet
(to) swim zwemmen
(to) switch off uitzetten

table de tafel
(to) take nemen
(to) take along meenemen
(to) talk praten
tart de taart
taste de smaak
(to) taste smaken
tasty lekker
taxi de taxi
tea de thee
(to) teach leren
teacher de leraar/lerares,
  (primary) de onderwijzer/
  onderwijzeres, de juf (f.)
telephone de telefoon
telephone call het telefoontje
television de televisie, tv
(to) tell vertellen
terrible verschrikkelijk
(to) thank danken, bedanken
theatre het theater
then dan, toen
there daar
thick dik
thief de dief/dievegge
thin mager
thing het ding, de zaak
(to) think denken
throat de keel
through door
ticket de kaart, het kaartje
ticket window het loket
tie (necktie) de das
time (general) de tijd;
  (occasion) de keer
tired moe
today vandaag
together samen
toilet het toilet, de wc

tomorrow morgen
tough taai
town de stad
trade de handel
traffic het verkeer
traffic jam de file
train de trein
tram de tram
(to) travel reizen
traveller de reiziger/reizigster
tree de boom
trip het uitstapje, het dagje uit
trousers de broek (sing.)
true waar
(to) try proberen
(to) turn draaien
(to) turn/switch on aanzetten
(to) turn/switch off uitzetten

umbrella de paraplu
uncle de oom
(to) understand verstaan;
  begrijpen
upstairs boven
use het gebruik, nut
(to) use gebruiken
usual gewoon

vacation de vakantie
vegetable de groente
very erg, heel, zeer
view het uitzicht
visit het bezoek
(to) visit bezoeken

(to) wait wachten
waiter/waitress de ober (m.) /
  de serveerster (f.)
(to) walk lopen
wall de muur
(to) want willen
(to) wash (zich) wassen
water het water
way de weg; de manier
way back de terugweg
weather het weer

wedding de bruiloft
week de week
weekend het weekend
well nou
well known bekend
what wat
when wanneer?; toen
whenever wanneer
where waar
whether of
which welk
while terwijl
(to) whine zeuren
white wit
who wie?; die/dat
whole heel
why waarom
wide breed
wife de vrouw/echtgenote
willingly graag
window het raam
wine de wijn
winter de winter
with met
(to) withdraw (retreat)
  (zich) terugtrekken
without zonder
woman de vrouw
wonderful prachtig
wood het hout
word het woord
(to) work werken
worn (out) versleten
(to) write schrijven
writer de schrijver/schrijfster
wrong verkeerd

year het jaar
yellow geel
yes indeed jawel
yesterday gisteren
young jong

aan to
aanbieden to offer
(de) aanbieding offer
(zich) aankleden to get dressed
aanbellen to ring (the doorbell)
aankomen to arrive
aannemen to accept
(het) aantal number
aanvaarden to accept
aanzetten to turn/switch on
(de) aardappel potato
aardig nice, friendly
achter behind
achterin in the back
acteren to act
(de) acteur/actrice actor/actress
(het) adres address
(de) afdeling department
afhalen to collect, fetch, pick up
afmaken to complete, finish
afrekenen to pay the bill
afslaan to turn off
(de) afspraak appointment
(de) agenda diary, agenda
(de) agent/agente police officer
al already
allebei both
alleen alone; only
alles everything
als as; if
alsjeblieft, alstublieft please
altijd always
(de) ambitie ambition
(de) Amerikaan/Amerikaanse
  American man/woman
Amerikaans American
(zich) amuseren to enjoy oneself
ander other
anderhalf one and a half
anders otherwise
antwoorden to answer
(de) appel apple
(de) appeltaart apple cake
(de) arm arm

arm poor
(de) arts doctor
(de) auto car
(de) avond evening
(het) avondeten evening meal

(de) baan job
(de) baas/bazin boss
(het) bad bath
(de) badkamer bathroom
(de) bakker/bakkerin baker
(de) bal ball
bang afraid, frightened
(de) bank bank; sofa
(het) bed bed
bedanken to thank
bedoelen to mean, intend
(het) bedrag amount
(het) bedrijf business, company
(het) been leg
(het) beetje little, bit
beginnen to begin
begrijpen to understand
behalve except
(de) behoefte need
beide both
bekend well known
bekijken to look at
belangrijk important
(de) belangstelling importance
beleefd polite
beloven to promise
beneden below, downstairs
(de) benzine petrol
(het) benzinestation petrol station
(het) beroep profession, occupation
beschrijven to describe
beslissen to decide
beslist definitely
bestellen to order
betalen to pay
betekenen to mean
beter better
betreffende concerning

(de) betrekking job, post
bevallen to please
bewonderen to admlre
bezig busy
(het) bezoek visit
bezoeken to visit
(de) bibliotheek library
(de) biefstuk steak
(het) bier beer
bij with, at
bijna almost
bijvoorbeeld for example
bijzonder special, exceptional
binnen inside
binnenkort soon, shortly
(de) bioscoop cinema
(het) blad leaf, paper, magazine
blauw blue
blij happy
blijven to stay, to remain
blind blind
(de) bloem flower
(het) boek book
(de) boer/boerin farmer
(de) boodschap message;
   (plural) shopping
(de) boom tree
(de) boot boat
(de) boottocht boat trip
(het) bord plate
(de) boter butter
boven above, upstairs
bovendien moreover, furthermore
branden to burn
breed wide, broad
breken to break
brengen to bring
(de) brief letter
(het) briefje note
(de) bril spectacles, glasses
(de) Brit/Britse
   British man/woman
Brits British
(de) broek trousers
(de) broer brother
(het) brood bread, loaf
(het) broodje bread roll

(de) brug bridge
(de) bruiloft wedding
bruin brown
buiten outside
(de) burger citizen
(de) bus bus
(de) buur neighbour
(de) buurman/
   buurvrouw neighbour (m./f.)

(het) cadeau present, gift
(het) centrum centre
(de) chef/cheffin boss
(de) chocola(de) chocolate
(de) computer computer
(het) concert concert
(de) consument consumer

daar there
(de) dag day
dag hello, goodbye
(het) dak roof
(de) dame lady
dan then
danken to thank
(de) das tie, scarf
(de) datum date
(het) deel part
deftig sophisticated, posh
denken to think
(de) deur door
dezelfde the same
dichtbij close to/by
dichtdoen to shut (something)
dichtgaan to shut
(de) dief/dievegge thief
(de) dienst service
(het) dier animal
dik fat, thick
(het) ding thing
(de) directeur/directrice
   director, head
(de) dochter daughter
doen to do
(de) dokter doctor
dom stupid
donker dark

dood dead
door through
doorgaan to continue
(de) doos box
(de) douche shower
draaien to turn
dragen to carry
drinken to drink
droog dry
druk busy
duidelijk clear
Duits German
(de) Duitser/Duitse
  German man/woman
duren to last
durven to dare
dus sò
duur expensive

echt real(ly)
echtgenote wife
(de) eenpersoonskamer
  single room
eerder before, earlier
eerst first
(het) ei egg
eigen own
eigenlijk actually
(het) eind end
elk each; **(elkaar)** each other
Engels English
(de) Engelsman/Engelse
  English man/woman
enig only
erg very; bad
ergens somewhere
eruitzien to look
(de) ervaring experience
(de) etalage shop window
(het) eten food
eten to eat
even just
(het) examen exam

(de) familie family (extended)
(het) feest party
(de) fiets bicycle

fijn fine, great
(de) file traffic jam
(de) film film
(de) firma firm, company
(de) fles bottle
(de) foto photograph
(het) fototoestel camera
(de) fout mistake
(de) Fransman/Franse
  French man/woman
(de) friet chips, french fries
fris fresh, non-alcoholic
(het) fruit fruit

gaan to go
gastvrij welcoming, hospitable
gauw soon
gebeuren to happen
(het) gebied area
geboren to be born
(het) gebouw building
(het) gebruik use
gebruiken to use
(zich) gedragen to behave
geel yellow
(het) gehakt minced meat
gek insane, crazy
(het) geld money
geleden ago
gelijk equal
gelijk hebben to be right
geloven to believe
gelukkig happy, lucky
gemeen mean, common
gemeen hebben to have
  in common
genoeg enough
(de) geschiedenis history
gesloten closed, shut
gevaarlijk dangerous
(het) geval case, event
geven to give
(het) gevoel feeling
gewoon usual, ordinary
gezellig sociable, cosy, pleasant
(het) gezicht face
(het) gezin (nuclear) family

gezond healthy
gisteren yesterday
(het) glas glass
goed good, OK, well
goedemiddag good afternoon
goedemorgen good morning
goedenavond good evening
goedkoop cheap
(het) gordijn curtain
goud gold
graag willingly, gladly
grappig funny
(het) gras grass
(de) grens border
(de) groei growth
groeien to grow
groen green
(de) groente vegetable
(de) groep group
(de) groet greeting
(de) grond ground
groot big, large

(het) haar hair
haasten to hurry
halen to fetch
(de) hand hand
(de) handel trade
hangen to hang
hard hard; loud
hebben to have
heel whole; very
(de) heer gentleman; Mr
heet hot
helaas sadly, unfortunately
helemaal completely
(de) helft half
helpen to help
(het) hemd shirt
(de) herfst autumn
(zich) herinneren to remember
heten to be called
hetzelfde the same
hoe how
(de) hoed hat
(de) hoek corner
hoesten to cough

hoeveel how many, how much
hoeven to have to
(de) hond dog
(de) honger hunger
(het) hoofd head
(de) hoofdpijn headache
(de) hoofdzaak main thing
hoog high
hopen to hope
horen to hear
(het) hotel hotel
houden to hold, to keep
houden van to love
(het) hout wood
huidig present, current, actual
huilen to cry
(het) huis house
(het) huiswerk homework
huren to rent, to hire
(het) huwelijk marriage

(het) idee idea
iedereen everyone
iets something
(het) ijs ice, ice cream
inbreken to break in
inderdaad indeed
ineens suddenly
(de) ingang entrance
instappen to get in
interessant interesting
interesseren to interest

(het) jaar year
(het) jaartal year (e.g. 2022)
Jammer! (What a) shame!
(de) jas coat
(het) jasje jacket
jawel oh yes
jong young
(de) jongen boy, young man
(de) juf primary school teacher (f.)
juist correct, right
(de) jurk dress

kaal bald
(de) kaart ticket, card, map

(de) kaas cheese
(de) kamer room
(de) kant side
(het) kantoor office
(de) kantoormedewerker
office worker
kapot broken
(de) kapper/kapster hairdresser
(de) kat cat
(de) keel throat
(de) keelpijn sore throat
(de) keer time, occasion
kennen to know
(de) kennis knowledge,
acquaintance
(de) ketel kettle
(de) keuken kitchen
kijken to look
(het) kind child
(de) kip chicken
klaar ready
klaarmaken to get ready,
to prepare
(de) klacht complaint
(de) klant customer
klein small, little
(de) kleren clothes
(de) kleur colour
klinken to sound
(de) klok clock
kloppen to knock
(dat) klopt that's right
knap clever, good-looking
(de) koe cow
(de) koelkast fridge
(de) koffer suitcase
(de) koffie coffee
koken to cook
komen to come
(de) koorts fever
kopen to buy
(het) kopje cup
kort short
kosten to cost
koud cold
(de) krant newspaper
krijgen to get, to obtain

(de) kroeg pub
kunnen to be able to, can
(het) kwaad evil
(het) kwartier quarter of an hour

laat late
lachen to laugh
(het) laken sheet
lang long
langs along
langzaam slow
laten to leave, to let
leeg empty
(het) leer leather
(de) leeuw lion
leggen to put
lekker tasty, good
(de) lente spring
(de) lepel spoon
(de) leraar/lerares teacher
leren to teach, to learn
(de) les lesson
leuk nice
(het) leven life
leven to live
lezen to read
(het) licht light
licht light (adj.)
(het) lied song
(de) liefde love
liggen to lie (to be horizontal)
lijken to seem
(de) linkerhand left hand
links (on the) left
linksaf (to the) left
(de) literatuur literature
logeren to stay
(het) loket ticket window
lopen to walk
luisteren to listen
lukken to succeed
(de) lunch lunch
lunchen to have lunch

(de) maal time, occasion
(de) maan moon
(de) maand month

maar but
mager thin
maken to make
makkelijk easy
(de) man man; husband
(de) manager manager
(de) manier way, manner
(de) markt market
meegaan to go with
meenemen to take along
meer more
meerijden to go/come with
(het) meisje girl
(de) melk milk
(de) meneer gentleman, Mr, sir
(de) mens person, human being
merken to notice
(het) mes knife
met with
meteen immediately
(het) meubel furniture
(de) mevrouw lady, Ms, madam
(de) middag midday
(het) midden middle
minder less
(de) misdaad crime
misschien perhaps
missen to miss
mobieltje mobile phone
moe tired
(de) moeder mother
moeilijk difficult
moeten to have to, must
mogelijk possible
mogen to be allowed, may
(de) mond mouth
mooi beautiful, lovely
(de) morgen morning
morgen tomorrow
(de) motor engine
(het) museum museum, gallery
(de) muur wall
(de) muziek music

na after
(de) naam name
naar to

naast next to, beside
(de) nacht night
(het) nadeel disadvantage
(het) najaar autumn
natuurlijk natural; of course
(de) Nederlander/Nederlandse
  Dutch man/woman
Nederlands Dutch
neerzetten to put/set down
nemen to take
nergens nowhere
net nice, neat; just, decent
(de) neus nose
niemand no one
niet not
niets nothing
nieuw new
nodig necessary
nog still
nooit never
noord north
normaal normal
nou well, now
nu now
(het) nut use

(de) ober waiter (m.)
(de) ochtend morning
of or; whether
(het) ogenblik moment
om at, for, around
(de) oma grandma
omarmen to embrace
ombrengen to kill
omdat because
onder under
ongeveer about, approximately
onmiddelijk immediately
(het) ontbijt breakfast
ontmoeten to meet
ontsnappen to escape
ontzettend terrible
(het) oog eye
ook also
(de) oom uncle
op on
(de) opa grandpa

opbellen to ring up, to telephone
(de) opdracht assignment, task
open open
opendoen to open (something)
opengaan to open
opeten to eat up
opgeven to give up
ophouden to stop
opkijken to look up
opschieten to get a move on
opwinden to excite
opzettelijk intentional, on purpose
oud old
(de) ouder parent
over over
overhebben to have left over
overhouden to be left with
overreden to persuade

(het) paar pair
(het) pak suit
(het) pakje package, parcel, packet
(het) papier paper
(de) paraplu umbrella
pardon excuse me
(het) park park
pas just
passeren to pass
(de) patat chips, french fries
(de) pauze interval
(de) peen carrot
(de) peer pear
(de) pen pen
(het) perron platform
(het) personeel staff, personnel
(de) persoon person
(de) pet cap
(de) pijn pain
(de) pil pill
(de) plaats place
(het) plan plan
(het) plein square
(het) plezier pleasure
(de) plicht duty
plotseling suddenly
(de) poel pool
(de) poes pussycat, kitty

(de) politie police
(het) politiebureau police station
(de) poot paw, leg (of animal or table)
(het) portier car door
(het) postkantoor post office
(de) postzegel postage stamp
(de) pot pot
prachtig wonderful
praten to talk
precies exact, precise
(de) pret fun
prettig nice, pleasant
(de) prijs price
(het) prijskaartje price tag
(de) prins/prinses prince(ss)
proberen to try
(het) probleem problem
(het) programma programme
(de) pruik wig
(het) publiek audience

(het) raam window
(de) radio radio
(de) reactie reaction
(het) recept recipe; prescription
(de) receptionist(e) receptionist
recht right, straight
(de) rechterhand right hand
rechts (on the) right
rechtsaf (to the) right
(de) reclame advert, advertising
redden to save
(de) regel rule
(de) regen rain
regenen to rain
(de) reis journey
reizen to travel
rekenen to calculate
rennen to run
(de) reparatie repair
reserveren to reserve
(het) restaurant restaurant
(het) retour return ticket
(de) richting direction
(de) rij row, line, queue
rijden to drive, to ride

rijk rich
roepen to call out, to shout
(de) rok skirt
roken to smoke
(de) roman novel
rood red
(de) rug back
  (part of the body)
ruiken to smell
(de) Rus/Russin
  Russian man/woman
(de) rust rest
(de) ruzie row, argument

saai dull, boring
samen together
scherp sharp
schijnen to seem
schilderen to paint
(het) schip ship
(de) schoen shoe
(de) schoonvader/moeder
  father/mother-in-law
schrijven to write
(de) schrijver/schrijfster
  writer
serveren to serve
(de) sla salad, lettuce
slaan to hit
(de) slaapkamer bedroom
slagen to succeed
(de) slager/slagerin butcher
slapen to sleep
slecht bad
(de) sleutel key
slikken to swallow
slim clever
sluiten to shut, to close
sluw sly
smaken to taste
snel fast, quick
snijden to cut
solliciteren to apply
sommige some
soms sometimes
(het) soort sort, kind
Spaans Spanish

(de) Spanjaard/Spaanse
  Spanish man/woman
speciaal special
spelen to play
(de) spiegel mirror
(het) spijt regret
  (het) spijt mij/me I'm sorry
spontaan spontaneous
(het) spoor track, platform
spreken to speak
staan to stand
(de) stad town
(het) station station
stelen to steal
(de) ster star
sterk strong
sterven to die
stil quiet
(de) stoel chair
stomen to dry clean
stoppen to stop
(de) straat street
(het) strand beach
(de) streek region
(het) stro straw
(de) student/studente student
studeren to study
(de) studie studies
(de) studievriend(in)
  college/university friend
(het) stuk piece
sturen to send
(het) stuur steering wheel,
  handlebars
(de) suiker sugar
(de) supermarkt supermarket

taai tough
(de) taal language
(de) taart cake, tart
(de) tafel table
tanken to fill up with petrol
(het) tankstation filling station
(de) tante aunt
(de) tas bag
(de) taxi taxi
tegemoetkomen to come towards

tegen against
tegenkomen to come across, to run into
tegenwoordig nowadays
(de) tekening drawing
(de) telefoon telephone
(het) telefoontje telephone call
(de) televisie television
tenminste at least
(het) terrasje café terrace
teruggaan to go back
terugkomen to come back
terugkrijgen to get back
(zich) terugtrekken to withdraw
(de) terugweg return journey
terugzien to see again
terwijl while
tevreden happy, contented, satisfied
(het) theater theatre
(de) thee tea
thuis at home
(de) tijd time (general)
toen then; when
toenemen to increase
(het) toetje dessert
(het) toneel stage
(het) toneelstuk play (theatre)
(de) toonbank counter
tot until
(de) tram tram
(de) trein train
trek hebben in to feel like
trekken to pull
trouwen to get married
(de) trui jumper, sweater
(de) tuin garden
tussen between
tweedehands secondhand
(de) tweepersoonskamer double room

uit out
uitgaan to go out
(de) uitgang exit
uitgeven to publish; to spend
uitmaken to break off (a relationship)

uitnodigen to invite
(het) uitstapje trip, day out
uitsteken to stick out, to hold out
uitstekend excellent
uitzetten to switch/turn off
(het) uitzicht view
(het) uur hour

vaak often
(de) vader father
(de) vakantie holiday, vacation
vallen to fall
van of
vanavond this evening
vandaag today
vanmiddag this afternoon
vanmorgen this morning
veel much, a lot
ver far
veranderen to change
verbaasd amazed
(zich) verbeelden to imagine
verdienen to earn
vergelijken to compare
vergeten to forget
(zich) vergissen to make a mistake
(de) verhouding relationship
verhuizen to move house
(het) verkeer traffic
verkeerd wrong
verklaren to explain, to declare
verkopen to sell
verliezen to lose
(de) verpleger/verpleegster nurse
verschrikkelijk terrible
versleten worn out
verstaan to understand, to hear
vertellen to tell
vertrekken to leave, to depart
(zich) vervelen to be bored
vet fat
vinden to find
(de) vis fish
(het) vlees meat
(het) vliegtuig aeroplane
(het) vliegveld airport
voelen to feel

(de) **voet** foot
vol full
volgen to follow
volgens according to
(het) **volk** people, nation
voor for
vooral above all, particularly
(het) **voorbeeld** example
voorbijgaan to go past
(het) **voordeel** advantage
(het) **voorjaar** spring
(de) **voorkeur** preference
voorkomen to occur
voorkomen to prevent
(het) **voorstel** proposal
voorstellen to propose, to introduce
(de) **vork** fork
vragen to ask
vreemd strange, foreign
vreselijk terrible, awful
(de) **vriend/vriendin** friend,
   boyfriend/girlfriend
vriendelijk friendly, kind
vrij free
vroeg early
vrolijk happy, jolly
(de) **vrouw** woman

waar true; where
waarom why
wachten to wait
wakker awake
wandelen to walk
wanneer when, whenever, because
(het) **warenhuis** department store
wassen to wash
wat what
(het) **water** water
(de) **wc** toilet, loo
(de) **week** week
(het) **weekend** weekend
(het) **weer** weather
weg road, way
weggaan to go away
wegrijden to drive away
weigeren to refuse
weinig a little
welk which

werken to work
weten to know
wie who
(de) **wijn** wine
willen to want
(de) **winkel** shop
(de) **winkelbediende**
  shop assistant
winkelen to shop
(de) **winter** winter
wisselen to change
wit white
wonen to live
(de) **woning** dwelling
(de) **woonkamer** living room
(het) **woord** word
worden to become

(de) **zaak** thing, business
zacht soft
(de) **zee** sea
zeer very
zeggen to say
zeker sure, certain
zelf self
zetten to put
zeuren to whine, to nag
ziek ill
(het) **ziekenhuis** hospital
zien to see
zijn to be
zilver silver
(de) **zin** sense, meaning; sentence
zingen to sing
zitten to sit
zoeken sweet
zoet to look for, to seek
(de) **zomer** summer
(de) **zon** sun
zonder without
(de) **zoon** son
(het) **zout** salt
(de) **zus** sister
zwaar heavy
zwanger pregnant
zwart black
zwemmen to swim

Index

The numbers refer to sections, not pages.